아시아문화연구소 Asia+ 시리즈 2

바틱으로 보다

자바, 인도네시아 이야기

바틱으로 보다: 자바, 인도네시아 이야기

초판 1쇄 인쇄 2018년 11월 23일
초판 1쇄 발행 2018년 11월 30일
지은이 이지혁
펴낸이 이방원
기 획 아시아문화원
편 집 정조연 · 김명희 · 안효희 · 강윤경 · 윤원진
디자인 박혜옥 · 손경화 **영업** 최성수 **마케팅** 이미선
펴낸곳 세창출판사
출판신고 1990년 10월 8일 제300-1990-63호
주소 03735 서울시 서대문구 경기대로 88 냉천빌딩 4층
전화 02-723-8660
팩스 02-720-4579
이메일 edit@sechangpub.co.kr
홈페이지 http://www.sechangpub.co.kr

ISBN 978-89-8411-790-7 04910
978-89-8411-788-4(세트)

이 도서의 국립중앙도서관 출판시도서목록(CIP)은 서지정보유통지원시스템 홈페이지(http://seoji.nl.go.kr)와 국가자료공동목록시스템(http://www.nl.go.kr/kolisnet)에서 이용하실 수 있습니다. (CIP제어번호: CIP2018038579)

이 저서는 국립아시아문화전당의 지원을 받아 수행된 연구입니다.

아시아문화연구소 Asia+ 시리즈 2

바틱으로 보다

자바, 인도네시아 이야기

이지혁 지음

세창출판사 A|C|C Asia Culture Center

LOOK THROUGH OF THE LENS OF BATIK: JAVANESE AND INDONESIAN STORY

차례

1. 'batik'의 인도네시아 발음은 바띡에 가깝다. 인도네시아어에서 c, t, p, k는 된소리로 발음된다. 하지만 이 책에서는 'batik'을 한국에서 잘 알려진 '바틱'으로 표기하고, 다른 현지어도 국립국어원의 표기방법을 따른다.

2. 단, 'Yogyakarta'의 발음은 국립국어원 표기법에 따르면 '욕야카르타' 이지만 현지에서는 'Yogyakarta'를 'Jogyakart' 혹은 'Jogja'라고 표기하기도 한다. 현지인들 사이에서 일반적으로 불리는 이름이 '족자카르타' 혹은 '족자'이기 때문에 본 책에서는 족자카르타로 표기한다.

3. 'nation'의 표기 문제는 본질적으로 '네이션'이 가지고 있는 다중적인 의미 때문에 발생한다. '네이션'은 본래 1900년대 초기에 '국민'이라는 단어로도 번역되었다. 하지만 일제의 식민 지배를 거치면서 국민이라는 자격이 박탈되었고 남북으로 분단되면서 국민이라는 단어는 분단의 현실을 모두 포함하기에는 부족한 면이 있었다. 따라서 자연스럽게 한국사회에서는 '민족'이라는 단어를 선호하게 되었다. 그러나 근대적 개념의 '네이션'은 한국사회의 '민족'과는 상이한 점이 많고 한국인의 정서 속에서 민족은 서양의 에스니시티(ethnicity) 혹은 에스니(ethnie)에 더 근접한다. 즉, 한국어 '민족국가'는 단일한 혈연적 민족에

바탕을 두고 형성된 국가라는 개념이 강하다. 반면 다민족으로 이루어진 국가에서 '네이션'은 혈연적 의미를 넘어서는 정치적 공동체로서의 '국민'에 더 가깝다. 따라서 본 책에서는 'nation'을 영어 발음 그대로 '네이션'으로 표기한다.

1장

들어가는 말

1. 왜 바틱에 주목하는가?

인도네시아와 관련된 글과 책을 읽을 때 늘 접하게 되는 클리셰(cliché)가 있는데 바로 '1,904,569km^2(한반도 9배)의 넓은 면적에 1만 7천 개가 넘는 섬으로 이루어진 세계 인구 4위의 군도 국가'라는 것이다. 넓은 영토에 3백 개가 넘는 종족과 6백 개가 넘는 언어가 사용되는 다양성이 넘치는 국가가 인도네시아다. 전체 인구의 절대 다수가 무슬림이지만 이슬람 국가가 아닌 세속주의 국가로서 기독교, 천주교, 불교, 힌두교, 유교까지 다양한 종교가 공존하고 있다. 따라서 인도네시아를 정형화된 방식으로 설명하는 것은 참 어려울 뿐만 아니라 위험한 발상이다. 마치 봉사가 코끼리를 만지듯이 어느 특정 부분만을 가지고 전체를 설명하는 오류를 범할 수 있다. 하지만 연구자는 이러한 위험을 무릅쓰고 자신이 생각하는 특정 부분이 인도네시아의 특징이라고 주장하고 비평받고 또 수정하는 작업을 끊임없이 할 수밖에 없다. 본 글은 바틱이라는 전통 염색법과 의상이라는 창을 통해 인도네시아, 특히 자바의 문화와 삶을 들여다보고자 한다. 3차원의 세상이 2차원의 평면에 묘사될 때 왜곡이 일어나는 것처럼 바틱이라는 렌즈 하나만 가지고 한 국가를 조망하는 것은 위험할 수 있다. 하지만 이 렌즈를 통해야만 볼 수 있는 새롭고 흥미로운 인도네시아인의 삶을 보여 주고자 한다. 바틱과 인도네시아 문화를 잘 알지 못하는 독자들에게 다소 지나치다고 생각될 수 있는 인도네시아인들의 바틱 사랑에 대해 설명하는 것이 필자가 이 글을 쓰는 주된 목적이다.

한 국가를 대표하는 전통의상이 지닌 사회적 의미는 현대인이 단순히 상상할 수 있는 범위보다 훨씬 더 광범위할 수 있다. 의상을 연구하는 학자들은 옷이 착용자의 성, 나이, 지위, 종교, 부, 신분, 혈족, 소속단체, 지역적·종족적 정체성을 전달하는 '침묵의 의사소통 형식'이라고 말한다(Gluckman, 1996). 삶의 형태와 사회의 기저를 이루고 있는 사상과 가치가 천(textile)에 담겨 있는 사례는 비단 인도네시아뿐만 아니라 많은 국가에서 발견된다. 하지만 바틱처럼 전통사회뿐만 아니라 21세기의 현대사회에서조차 단순한 의복의 기능을 넘어서 다양한 기능을 수행하는 경우는 매우 드물다.

인도네시아의 바틱은 다른 전통문화에 비해 몇 가지 차별성을 갖는다. 첫째, 바틱은 과거와 현재의 단절이 없다는 점에서 전통문화이면서 동시에 현재의 문화다. 전통문화는 과거라는 시간의 개념에 정태적으로 위치해서 한때의 찬란함과 전성기를 누렸지만 현재의 삶에는 큰 영향력을 행사하지 못하거나, 영향력이 있다 할지라도 역동성이 사라진 박제된 모습을 띠고 있는 경우가 다반사다. 하지만 바틱은 과거와 현재의 구분이 없는 현재 진행형인 문화다. 바틱은 부단히 변화하고 시대에 빠르게 적응해서 현대에도 애용되고 있으며 새로운 창조의 대상이 되고 있다.

둘째, 바틱은 상품으로서 상업화에 성공한 문화다. 과거와 비교해

그림 1–1 중부 자바의 대표적 바틱 도시인 수라카르타(Surakarta) 거리에 있는 찬팅(canting) 조형물

볼 때 인도네시아의 전체 산업규모에서 바틱이 차지하는 비중은 상대적으로 축소되었다. 하지만 아직도 대략 백만 명이 바틱과 관련된 산업에 직·간접적으로 종사하고 바틱과 관련된 다양한 상품이 생산되고 있으며 바틱을 활용한 다채로운 마케팅이 등장하고 있다. 오랜 변화의 세월 동안 바틱 산업은 여러 번의 번영과 쇠퇴를 겪어 왔다. 이러한 부침(浮沈) 가운데 지금이 전자(前者)의 시대임은 많은 전문가와 현지시장을 통해 알 수 있다. 바틱의 상업적 성공이 갖는 가장 큰 의미는 바틱문화가 그 자체로 자생력이 있다는 것이다.

셋째, 바틱은 인도네시아를 대표하는 문화 정체성을 갖는다. 바틱 상품의 판매량 증가, 일상복으로 활용되는 빈도의 증가, 인도네시아의 주요 섬인 자바(Java)에 거주하는 사람뿐만 아니라 소위 외각 도서 지역(outer islands)이라고 부르는 곳에 거주하는 사람들의 바틱에 대한 인식의 변화, 그리고 젊은 세대의 바틱에 대한 태도 변화 등을 고려할 때, 지금 바틱은 특정 지역(자바) 혹은 종족(자바족)의 문화가 아닌 인도네시아 전역을 대표하는 국민문화로서 전성기를 맞이하고 있다. 바틱은 상업적인 성공과 함께 인도네시아 전체를 대표하는 문화적 상징물이 되었고, 자바를 대표하는 자바의 영혼(sukma Java)을 넘어서 인도네시아 전체를 대표하는 정신으로 확대되고 있다.

그림 1–2 바틱을 입고 전통춤을 추는 무희

2011년 '월드바틱서밋(the world batik summit)'이라는 세미나 겸 전시회를 겸한 국제행사의 기조연설에서 인도네시아 유도요노(Susilo Bambang Yhudoyuno) 전(前) 대통령은 인도네시아를 대표하는 첫 번째 상징물로 바틱을 언급했다. 국가의 정상이 개인적인 자리가 아닌 공식석상에서 국가를 대표하는 상징물을 공개적으로 언급하는 것은 매우 드문 일이라 생각된다. 그는 '미국을 생각할 때 연상되는 할리우드나 코카콜라, 터키의 블루 모스크, 싱가포르의 사자상(머라이언)과 같이, 바틱을 인도네시아의 가시적인 정체성으로 만들고 싶다'고 말했다. 사실 바틱이 인도네시아에서만 발견되는 문화는 아니다. 세계 여러 지역에서 바틱과 유사한 납염 방식이 존재한다. 그러나 인도네시아의 바틱이 다른 나라의 전통의상과 차별성을 갖는 이유는 바틱에 대한 국민의 애정, 인도네시아 사회에서 바틱이 갖는 문화적 상징성, 그리고 바틱 자체의 높은 기술적 완성도 때문일 것이다.

2009년 바틱은 유네스코의 인류무형문화유산으로 등재되었다. 이는 인도네시아인들에게 큰 의미가 있는데, 오랫동안 이웃 국가인 말레이시아와 바틱 소유권에 관한 마찰이 있었기 때문이다. 인도네시아 정부는 바틱이 등재된 날을 기념하기 위해 10월 2일을 '바틱의 날'로 정하고 그날을 전후로 바틱과 관련된 전시회, 세미나, 그리고 바틱 복장을 착용한 사람들에 대한 각종 할인행사를 기획했다. 그 후 지금까지 이러한 관행이 이어지고 있다. 공무원은 일주일에 두 번씩 바틱을 입고 출근해야 하는 규정이 만들어졌고 일부 회사와 학교에서는 자발적으로 정해진 요일에 바틱을 입고 출근하거나 등교하는 데 동참하고 있다.

최근 인도네시아에서 바틱의 인기가 상승하고 부분적이긴 하지만 바틱을 통해 사회가 통합되는 현상이 나타나면서 바틱이 국가를 대표하는 문화적 아이콘으로 부각되고 있다. 앞에서 기술한 인도네시아의 특징에서 짐작할 수 있듯이 인도네시아는 상당한 문화적 다양성을 가지고 있다. 하지만 영토가 넓고 섬이라는 지리적 특성으로 왕래가 쉽지 않다는 점은 태생적으로 통일성이 결여될 수밖에 없는 한계도 내포하고 있다. 더욱이 인도네시아는 네덜란드의 식민 지배를 받기 이전에 한 번도 동일한 정치공동체를 세운 경험이 없다. 이러한 점은 오랜 식민 지배가 끝나고 인도네시아가 신생 독립국이 되었을 때 국가를 통합함에 있어 많은 문제를 야기했다. 따라서 독립 초기 정치 엘리트에게 놓인 가장 중차대한 임무는 국민을 하나로 통합하는 것이었다. 국민을 통합하는 과정에서 지도자들은 전통의상, 그중에서 특히 바틱을 아주 중요한 기제로 이용하였다.

본 글은 이러한 현상을 설명하기 위해 바틱이 가지고 있는 자체적인 특징 —심미적 아름다움, 기술적 완성도, 상업적 가치, 문화적 가치— 과 함께 국민통합 기제로서 바틱의 역할을 살펴보고자 한다. 이를 위해 네덜란드로부터 독립 후 국민국가 형성 과정에서 문화의 역할에 중점을 두고, 바틱문화와 국민국가 형성 과정의 상호작용을 살펴보고자 한다. 정치 지도자가 동질성 있는 국민을 만들기 위해 어떻게 바틱

그림 1-3 바틱: 카인(kain)

을 이용했는지, 그 과정에서 바틱은 국민 형성에 어떤 기여를 했는지 살펴보고자 한다. 또한 바틱과 관련된 주변 세계와 바틱의 관계에 역점을 두고, 바틱이 국가를 대표하는 문화로 성장하는 동안 사회구조는 어떤 영향을 미쳤는지 조사하고자 한다. 더불어 바틱이 국민문화가 되는 과정에서 말레이시아가 타자로서 어떠한 역할을 담당했는지 조명하고자 한다.

2. 의복의 사회적 의미

한국에서 패션(fashion)이라는 단어는 흔히 오트 쿠튀르(haute couture) 혹은 하이 패션(high fashion)이 내포하고 있는 고급스러운 최신의 유행을 연상시킨다. 하지만 패션이라는 용어는 훨씬 광범위한 의미를 지닌다. 패션이라는 용어를 들을 때 옷을 연상하는 것이 일반적이지만 패션이 옷 그 자체는 아니다. 패션은 "유행, 양식, 스타일, 방식 등 당장 눈에 보이진 않아도 어딘가 분명히 존재하는 이미지와 대상을 가리킨다"(박종성, 2010). 하지만 패션이라는 단어가 사회에서 사용될 때는 주로 의복과 결부된다. 패션을 의복에 한정된 것이라 하든 아니면 넓은 차원의 문화적 의미의 체계라고 하든 모든 인간은 패션에서 자유로울 수 없다. 아무리 패션에 무심한 사람이라고 할지라도 아침마다 착용할 의복을 선택해야 한다. 끊임없이 새로운 것을 추구하는 패션은 늘 당시의 문화와 사회 현상을 수용한다. 패션이 사회적 현상을 수용하는 개념이라면 의복은 패션의 물질적인 기반이다.

패션과 마찬가지로 의복은 "몸을 싸서 가리기 위하여 천이나 가죽 따위로 만들어 입는 물건"[1]이라는 사전적 의미를 넘어 착용자가 속한 사회 안에서 다양한 의미를 내포하고 있다. 의복을 선택하는 것은 매우 사적인 것임과 동시에 시간, 공간, 그리고 타인의 시선을 전제하는 사회적 행위다. 의복은 또한 정체성에 대한 시각적 은유로서, 공적인 공간에서 자아를 표현하는 수단이기도 하고 자아뿐만 아니라 착용자가 속한 집단의 정체성과 시대의 사회상을 보여 주는 매개체이기도 하다. "의상 선택은 각기 다른 시대의 사람이 사회조직과 이미 결정된 신분경계 안에서 자신의 지위를 어떻게 인식했는지 알려 주는 척도가 된다"(크레인, 2004). 한편 의복에 의해 정체성이 오인되거나 의도적으로 감추어질 수도 있다. 이처럼 의복이 착용자와 밀접하게 연관되어 진정성 있는 자아와 정체성을 보여 주는 것으로 해석되기도 하고 때론 패션의 인공성(artifice)에 의해 진정성이 감추어지고 착용자가 욕망하는 위장된 자아를 보여 주기도 한다. 의복은 "우리가 속한 환경의 요구와 개인적 욕망 간의 타협을 드러낸다"(조앤, 2013). 따라서 많은 경우 의복으로 표현되는 정체성은 양가성(兩價性) 혹은 모호성이 수반된다.

사회학적인 관점에서 의복은 사회 구성원들 사이에 기표-기의관계를 지니는 기호의 역할을 수행한다. 그러나 기호학의 코드(code)로서의 의복은 사회 구성원들 사이에서 충분히 공유될 수 있는 의미를 함축하긴 하지만 그 의미가 고정된 것이 아니고 지배적인 법칙이나 형식이 존재하지 않는 특징을 가진다(Davis, 1994). 따라서 의복이 항상 타인에게 올바르게 해석되지 않을 수도 있다. 이는 의복이 직접적으로 메시지를 전달하는 형식을 취하는 것이 아니기 때문이다. 데이비스(Fred Davis)는 의상-패션 코드의 특징으로서 의복이 지닌 의미가 착용자의 정체성, 장소, 기분 등에 의해 변하는 '상황-의존성(context-dependency)', '기표-기의관계의 높은 사회적 가변성', 그리고 거칠고, 명확하지 않은 기의를 지닌 '언더코딩(undercoding)'을 언급한다. 즉, 착용자가 특정 의상을 선택함으로써 전달하려고 하는 의미가 착용자의 신분이나 상황에 따라서 변할 수 있고, 그것을 바라보는 시선이 착용자의 의도를 명확하게 파악하지 못할 수도 있다. 또한 의복을 제작한 사람의 의도를 착용자가 인식하지 못할 수도 있다.

의복이 대량생산되기 이전에 살았던 사람들이 의복에 대해 가졌던 가치와 의미는 현대인들의 것과는 사뭇 다를 수 있다. 앞으로 전개될 바틱 이야기를 보다 폭넓게 이해하기 위해서 인도네시아를 포함한 동남아 사회에서의 의복의 의미, 가치, 그리고 역할을 살펴볼 필요성이 있다. 산업혁명이 일어나서 기계로 옷을 대량생산하기 전까지 일반적으로 의복은 신분의 상징이자 중요한 재산이었다. 의복의 이러한 가치 때문에 물물교환에서 화폐로 사용되기도 했다. 이러한 사실은 비단 동남아뿐만 아니라 서구사회에도 유사하게 적용된다. 프랑스에서 19세기까지 의복은 노동자 계급의 재산에 상당한 부분을 차지했다. 노동자 계급의 남성은 결혼할 때 구입한 정장 한 벌을 일생 동안 간직하며 중요한 예식 때마다 착용했다. 예컨대 기록에 따르면 1780년대 파리 부근에서 체포된 278명의 사람들 중에서 옷을 두 벌 이상 소유한 사람은 28명에 불과했다고 한다. 복식 역사가들은 19세기에 '의상의 민주화 혹은 패션의 민주화'가 이루어졌다고 말한다. 20세기에 들어와서야 비로소 패션은 계급문화에서 소비자문화로 변화했다.

대항해시대와 산업혁명으로 이어지는 일련의 사건들을 통해 직물이 어떤 역할을 했으며 인류 역사에 어떤 결과를 초래했는지를 목격할 수 있다. 대항해시대에 들어서면서 동남아는 서양과 처음으로 조우하게 된다. 우수한 무기와 발달된 항해술을 앞세워 서양은 소위 '3G(Gold, Glory, God)'를 좇아 인도와 동남아로 몰려왔다. 당시의 인도는 지금의 국가로서의 인도를 지칭하는 명확한 지리적 개념이라기보다는 인도와 동남아를 포함하는 매우 포괄적이고 부정확한 문화적 개념이었다. 향신료전쟁의 주 무대가 된 동인도 지역은 넓게는 인도를 포함한 동남아 전역으로 간주될 수 있지만 보다 좁은 의미로는 인도네시아와 주변 지역으로 국한된다. 향료를 구입하기 위해 금을 준비해서 왔던 유럽 상인들은 현지인들이 금보다도 인도에서 가져온 직물을 더 선호했다고 기록하고 있다. 유럽 상인들은 인도의 면직물을 구매하여 동남아에 팔고 그 대금으로 후추를 구매한 후 중국에 가서 후추를 팔고, 다시 그 대금으로 비단을 구매하여 일본에 가서 팔고, 또 다시 은을 구매하는 식의 순환무역을 했다. 포르투갈의 탐험가이자 약종상(藥種商)이었던 토메 피레스(Tomé Pires)의 기록에 따르면 향신료의 본산지인 인도네시아 동부의 말루쿠(Maluku)제도의 토착인들은 자바족이나 말레이족이 가지고 온 직물을 매우 고귀한 것으로 여겼고, 이것을 가지고 온 상인들을 경외심을 가지고 대했다고 한다. 대항해시대 동인도 지역의 절대적 강자였던 네덜란드 동인도회사가 아시아 지역에서 수입한 상품을 살펴보면, 1619-1621년 사이에는 후추가 교역액의 56.4%를, 후추를 제외한 향신료가 17.6%를, 그리고 직물이

16.1%를 차지했다. 하지만 1668년-1670년 사이에는 후추가 30.5%, 직물이 36.5%를 차지했고, 1689-1700년에는 후추와 후추를 제외한 향신료는 각각 11.2%, 11.7%로 감소하는 반면 직물은 54.7%로 크게 증가하였다. 17세기 중엽 이전까지는 후추가 무역에서 가장 중요한 상품이었다면, 그 이후부터 산업혁명까지는 직물이 세계무역의 절대적인 비중을 차지했다(주경철, 2012).

한편 네덜란드 동인도회사보다 2년 먼저 설립되긴 했지만 조직력이나 자금력에서 훨씬 뒤처졌던 영국의 동인도회사는 향신료전쟁 초반부 동안에 말루쿠제도에서 네덜란드 동인도회사에게 밀려 고전을 면치 못했다. 그런 영국 동인도회사가 인도에 관심을 갖기 시작한 결정적 계기는 암본 학살 사건(Amboina Massacre)*이었다. 암본 학살 사건 이후 인도네시아에서 입지가 약해진 영국은 인도에 집중하게 되었고 아이러니하게도 향신료가 아닌 면화, 즉 인도산 면직물인 캘리코(calico)의 수입을 통해 향신료 전쟁의 최종 승자가 되었다. 유럽에 면직물이 수입되면서 유럽인들은 그것으로 만든 옷에 열광했다. 하지만 이는 기존의 모직물, 견직물, 특히 리넨 산업에 종사했던 직공들에게

* 암본 학살 사건은 1623년 3월 인도네시아 말루쿠제도의 상업거점인 암본섬에서 네덜란드 동인도회사에 의해 자행된 고문과 사형집행 사건으로서, 당시 암본의 상관장(商館長)이었던 헤르만 판 스트의 명령으로 이 섬에 와 있던 영국 상인 11명, 일본 사무라이 용병 1명, 포르투갈인 1명이 참수되었다. 고문에 의한 자백에 따르면 영국 상인과 일본 사무라이 용병이 공모해서 암본에 있던 요새를 탈취하고 상관장을 암살하려는 반역을 계획했다는 것이다. 이에 대한 양국의 주장은 상반되고 지금까지도 명백한 결론이 내려지지 않고 있다. 아무튼 이 사건은 영국 동인도회사가 말루쿠제도에서의 향신료 무역을 포기하고 인도로 발길을 돌리는 중요한 계기가 되었다.

는 큰 위협이었다. 이러한 위기를 극복하기 위해 도입된, 기계를 통한 대량생산은 인류 역사의 한 획을 그은 산업혁명으로 이어졌다.

동남아로 시선을 옮겨오면, 과거 동남아의 많은 지역에서 의복은 직사각형의 직물 자체를 둔부에 두르는 형태이거나 양끝이 바느질된 튜브형의 사롱(sarong) 형태로 착용되었다. 일반적으로 직물은 의복 외에도 제단에 사용되는 휘장, 귀족의 기장(記章), 극장의 막, 신성한 호부(護符), 화폐 등으로 사용되었다(Gittinger, 1985). 또한 아기를 옆으로 감싸는 포대기, 짐을 싸는 가방 등 다양한 용도로 사용되기도 했다. 따라서 동남아에서 의복은 자연스럽게 현대인들의 생각처럼 단순히 몸을 보호하거나 장식하는 측면에 그치는 것이 아니라 정신세계와 밀접하게 연결되어 있었다는 점을 알 수 있다.

직물의 디자인과 문양은 중요한 메시지를 전달하는 역할을 하기도 한다. 그런데 이러한 메시지는 그 직물을 생산하고 착용하는 특정한 사회라는 맥락, 즉 문화적 맥락 속에서 해석되어야 한다. 동남아의 대국인 인도네시아는 직물과 관련해서 매우 다양하고 풍부한 문화를 소유하고 있다. 다양한 종족으로 구성된 인도네시아는 종족 혹은 지역에 따라 각각 독특한 의복문화를 발달시켰지만 크게 보면 유사한 문화를 공유하고 있다. 인도네시아에서 직물을 만드는 것은 매우 신성한 행위로 간주되었고 특정 모티프나 의상이 영적인 힘을 가지고 있다고 여겨졌다. 그래서 인생의 중요한 통과의례 때마다 직물이나 의복을 교환하는 관습이 생겨났다. 특히 결혼식이나 장례식에서는 직물이 중요한 부분을 담당했다. 개인, 가족, 문중, 그리고 국가의 상호 호혜적 관계를 확증하는 제도화된 선물교환의 수단으로서 직물과 의복은 중요할 역할을 차지했다. 더불어 다양한 종족으로 이루어진 인도네시아에서 의복은 종족의 정체성을 나타내기도 한다.

이상에서 살펴본 것처럼 패션과 의복은 지극히 개인적인 사적 영역에 위치하면서 동시에 사회와 분리될 수 없는 공적 영역과 맞닿아 있다. 의복을 통해 자아를 표현하려는 표현의 욕구와 사회적 속박이 갈등을 일으키기도 한다. 의복은 또한 비언어적 의사소통의 수단으로서 기호적인 측면이 있다. 그러나 시·지각에 전달하는 강한 상징성이 있는 반면 언어와 달리 기표-기의관계가 명확하지 않고 끊임없이 변하는 특징도 있다.

2장

바틱이란 무엇인가?

1. 바틱의 정의

인도네시아인들이 바틱을 사랑하는 것만큼 바틱이라는 용어가 지칭하는 것도 매우 광범위하다. 일반적으로 바틱이라고 하면 흔히 바틱 문양이 있는 천이나 옷을 떠올리게 된다. 하지만 엄밀하게 말하면 바틱은 밀랍의 저항력(wax-resist)을 이용한 전통 염색법, 즉 납염의 한 방식이다. 바틱은 엄격한 의미에서 하나의 염색법이지만, 일반적으로 바틱 기법을 사용해서 만들어진 의상과 다양한 상품을 지칭한다. 무엇보다 바틱에만 사용되는 독특한 모티프들과 염색법이 결합되었을 때 인도네시아인들이 일반적으로 생각하는 전통적 바틱이 완성된다고 할 수 있다. 인도네시아의 전통적인 바틱은 찬팅(canting)이라는 도구의 선단에, 뜨겁게 녹인 밀랍을 담은 후 염색되지 않은 면이나 명주에 그림을 그리는 작업으로 시작된다. 그러고 나서 밑그림이 그려진 천을 염색하게 된다. 이때 밀랍으로 방염된 부분은 염색이 되지 않고 하얀 선이나 면으로 남게 된다. 매번 방염이 필요한 부분에 밀랍을 바르는 과정을 수차례 반복하여 의도한 무늬를 만들 수 있다. 따라서 밀랍으로 모티프를 그리는 과정은 고도의 집중력과 인내력이 요구된다.

'바틱(batik)'이라는 용어는 고대 자바어에 존재하지 않았고 용어의 유래에 관한 신빙성 있는 자료도 발견되지 않고 있다. 일반적으로 'batik'이 'ambatik'이라는 단어에서 유래했다는 주장이 받아들여지고

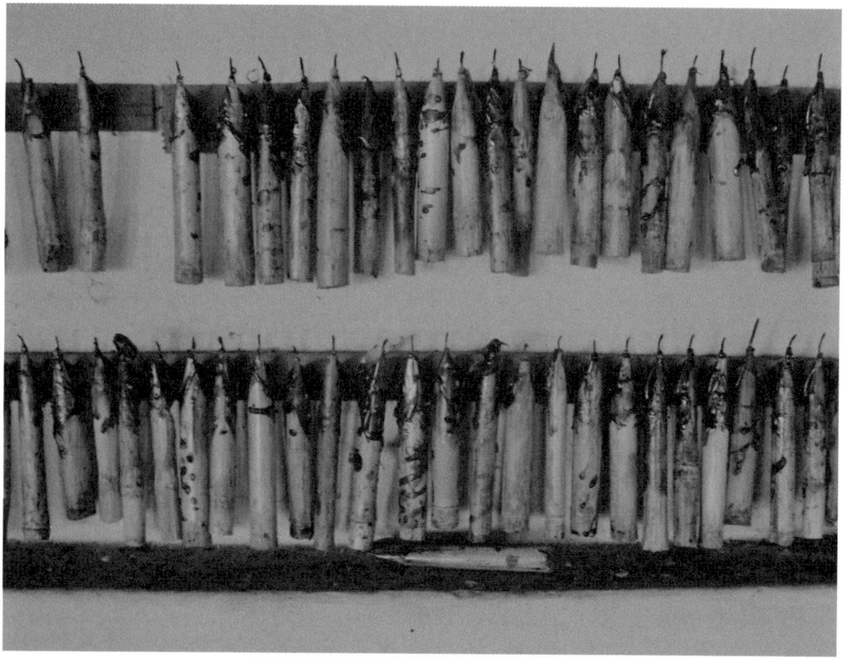

그림 2-1 찬팅(canting)

있다. 'ambatik'은 '작은 점을 가진 천'이라는 뜻으로 접미사인 'tik'은 협의로는 '점' 혹은 '떨어뜨리다'라는 뜻이고, 광의로는 '쓰다' 혹은 '그리다'라는 뜻이다. 유사한 맥락에서 염색 전 직물의 디자인을 바느질을 통해 봉합함으로써 염색되는 것을 막고 그대로 보존시키는 염색법을 뜻하는 자바어의 'tritik'이라는 단어가 존재한다. 또한 'batik'이 현대의 말레이어에서 '점' 혹은 '떨어뜨리다'라는 의미로 사용되는 'titik'과 관련되었다는 주장도 있다. 종합해 보면 'tik'이라는 단어는 그리다, 색칠하다, 쓰다는 의미를 내포하고 있다.

일반적으로 바틱은 바틱 툴리스(batik tulis), 바틱 찹(batik cap), 바틱

그림 2-2 찬팅으로 밑그림 그리기

콤비나시(batik kombinasi)까지를 포함한다. '툴리스(tulis)'라는 단어는 인도네시아어로 '쓰다'라는 뜻이다. 바틱 툴리스는 위에서 설명한 것처럼 찬팅을 이용해서 손으로 모티프 하나하나를 직접 그리는 방식으로 완성된 바틱을 말하며, '바틱 찹(cap)'은 찹이라는 구리 혹은 나무로 만들어진 큰 도장과 같은 도구에 이미 새겨진 문양을 반복해서 찍어 내는 바틱을 지칭한다. 마지막으로 '바틱 콤비나시'는 그 이름에서 추측할 수 있는 것처럼 두 방식을 혼합한 것으로 찹을 이용한 작업의 신속성과 툴리스가 가져다주는 정교함을 접목한 것이다.

그 외에 전통적인 염색기법을 사용하지 않고 바틱 모티프만 도용해서 만들어진 의복들이 중국에서 수입될 뿐만 아니라 인도네시아에서도 많이 생산되고 있다. 이에 대해 필자는 두 가지 상반된 의견을 가지고 있는데, 하나는 대량생산된 바틱이 전통방식 즉 수작업으로 바틱을 생산하는 사람들에게 큰 위협이 되고 있다는 것이다. 앞에서 언급한 것처럼 바틱은 전통적인 염색법을 지칭하는 것으로서 이렇게 대량생산된 의복들은 엄격한 의미에서 바틱이 아니고 일반 의상으로 분류되어야 한다. 오랜 시간과 노력을 요하는 전통방식의 바틱 의상과 대량생산된 바틱이 구별되지 않는다면 전통을 고수하려는 사람들의 경쟁력이 사라질 수 있다. 다른 하나로는 대중성의 회복을 들 수 있다. 대중적이었던 바틱이 점차 고급화되어 바틱 툴리스는 일반 대중이 살 수 없는 고가의 의복으로 변했으며, 전통적인 모티프와 형태를 고수하기 때문에 젊은층에게 별다른 인기가 없었다. 그런데 바틱이 대량생산되면서부터 가격이 저렴해지고 디자인도 젊은층에 어필할 수 있는 다양한 형태로 변모하고 있다는 점에서 긍정적인 측면도 있다고 생각된다.

2. 바틱 만들기

바틱의 제작과정은 일반적으로 준비, 왁싱, 염색, 왁스 제거 및 건조 단계로 구분된다. 준비 단계는 바틱에 사용될 면직물이나 비단을 준비하는 과정으로 우선 용도에 따라 옷감을 적당한 크기로 절단한 후 가장자리가 해지는 것을 막기 위해 시접 처리한다. 다음으로 옷감에 왁스와 염료가 잘 스며들게 하기 위해서 식물성 기름에 담그기, 풀 먹이기, 건조, 다듬이질 같은 일련의 과정을 수행한다. 바틱에 사용되는 모리(mori)라고 불리는 면직물은 그 크기가 다양하지만 가장 일반적인 크기는 폭이 대체로 100cm에서 110cm 사이이고, 길이는 용도에 따라 차이가 있다. 면직물과 함께 비단이 사용되기도 하는데 20세기 후반에 들어오면서 비단을 사용한 바틱 제품이 부쩍 늘었고 지금은 고급 바틱으로 자리 잡았다. 모리는 일반적으로 네 가지 품질로 구분된다. 그 기준은 1inches^2 안에 사용된 날실과 씨실의 교차수로 정해진다. 최상급의 천은 프리미시마(primissima)라고 불리며 113줄의 날실과 108줄의 씨실로 이루어진다. 다음 등급은 프리마(prima)로 날실과 씨실의 수가 각각 90줄, 79줄이고, 비루(biru)라고 불리는 세 번째 등급

면직물 종류	*날실의 수	*씨실의 수	크기		비고
			길이	폭	
Primissima	113	108	$17\frac{1}{2}$야드	42인치	※ 1inches^2 당 날실과 씨실의 수
Prima	90	79	$17\frac{1}{2}$야드	42인치	
Biru	71	61	48야드	42인치	
Merah	66	61	48야드	42인치	

표 2-1 바틱에 사용되는 면직물의 종류 출처: S. Soetopo 1983.

은 날실이 71줄, 씨실이 61줄이다. 마지막은 메라(merah)인데 날실 66줄, 씨실 61줄로 구성된다. 하지만 등급에 따른 날실과 씨실에 대한 기준은 전문가에 따라 다소 차이가 있다.

두 번째 단계에서는 가장 까다롭고 긴 시간이 요구되는 밑그림 그리기와 왁스 작업이 진행된다. 준비된 천 아래에 모티프가 이미 그려진 본(pola)을 받치고 그대로 베끼거나, 숙련자가 직접 면직물에 모티프를 그리기도 한다. 모티프의 밑그림이 완성되면 찬팅에 녹인 말람을 담고 찬팅을 조금씩 기울이면서 흘러내리는 말람을 이용해서 이미 연필로 그려진 모티프 위에 덧그린다. 넓은 표면은 찬팅을 이용하기보다는 붓(kuas)을 이용해서 작업을 한다. 여러 색상을 나타내기 위해서는 염색 후 위에 언급된 일련의 과정을 반복 실시한다. 이처럼 바틱 툴리스는 기본적으로 시간과 노동이 많이 요구되는 노동집약적 작업이다. 짧게는 며칠에서 길게는 몇 년이 소요되는 경우도 있다. 그래서 약 1850년경에 찹(cap)이라고 불리는 구리로 된 큰 도장과 같은 도구가 발명되었다. 일반적으로 찹으로 만들어진 바틱은 바틱 툴리스에 비해 저급한 것으로 평가된다. 하지만 찹의 도입이 없었다면 현재와 같은 대규모 바틱 산업은 존재하지 못했을 것이라고 판단된다.

한편 두 가지 방법을 절충한 콤비나시가 있다. 찹을 이용해 주요한 부분의 패턴을 완성하고 그 나머지 부분을 찬팅을 통해 채움으로써 바틱 툴리스의 효과를 느낄 수 있게 만든 것이다. 바틱 툴리스가 패턴의 다양함과 움직임을 통해 생동감을 나타낸다면, 바틱 찹은 더욱 정

그림 2-3　폴라(pola)

그림 2-4　밑그림 작업

그림 2–5 염색 작업

적이고 정형화된 특징을 가지고 있다.

세 번째 단계는 왁스로 문양이 그려진 천을 염색하는 단계로 원하는 색상과 모티프를 완성하기 위해서 두 번째 단계와 염색 단계를 여러 번 반복한다. 전통적인 염색 방법은 인도네시아 군도에 서식하는 다양한 천연 식물을 이용한다. 염료를 혼합하는 비법은 가문의 비밀로서 외부에 노출되지 않게 여러 세대에 걸쳐 전해 내려온다. 바틱의 아름답고 이국적인 색상은 인도네시아에 서식하는 식물로부터 추출한 염료의 결과라 할 수 있다. 지금까지도 천연 염색으로 만들어진 것이 고급 바틱으로 선호되고 있다. 하지만 화학 염색이 보편화되면서 색을 사용하는 범위가 매우 다양해졌을 뿐만 아니라 작업이 훨씬 수월해졌다. 과거에는 염색을 하기 전에 금식과 명상을 하거나 금기사항이 요구되기도 했다.

마지막 단계에서는 염색 후 표면에 남아 있는 왁스를 완전히 제거하는 작업이 이루어진다. 일반적으로 천에 남아 있는 왁스를 작은 칼(pisau dapur bekas)을 이용해서 벗겨 내거나 삶아서 녹인다. 왁스 제거를 돕기 위해 끓는 물에 소다회나 가성소다를 첨가하기도 한다.

3. 바틱 작업에 사용되는 도구

찬팅(canting)

찬팅은 구리 혹은 놋쇠로 만들어진 작은 용기(容器)와 나무 손잡이로 이루어진 만년필 모양의 도구이다. 용기에 차랏(carat)이라고 불리는 새의 부리 모양 같은 부분이 있는데, 용도에 따라 하나부터 최대 일곱 개의 차랏이 있는 찬팅도 있다. 앞부분에 녹인 말람(malam: 왁스를 지칭하는 인도네시아어)을 담고 만년필의 원리와 유사하게 찬팅을 기울여 말람을 흐르게 함으로써 그림을 그린다. 찬팅을 엄지와 검지를 사용해서 잡고 용기에 녹인 말람을 담고, 조금씩 기울여서 말람을 흘러내리게 하는 방식으로 작업을 한다. 찬팅은 17세기 초반에 만들어진 자바인들의 발명품으로서 다른 국가에서 만들어진 바틱과 차별성 있는 우수한 바틱을 생산할 수 있게 만든 일등공신이다.

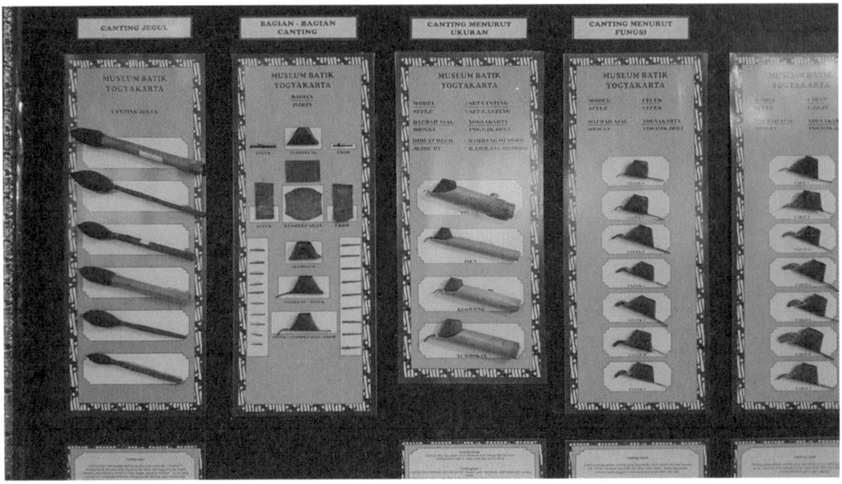

그림 2-6 다양한 형태의 찬팅(canting)

찹(cap)

찬팅을 사용하면 다양한 모티프를 섬세하게 그릴 수 있다는 장점이 있지만 작업시간이 길고 숙련된 기술이 필요하다는 단점도 있다. 이를 보완하기 위해 고안된 것이 찹(cap)이다. 찹은 표면에 바틱 무늬가 새겨져 있는 나무 혹은 구리로 만들어진 큰 도장 형태의 도구로서, 19세기 초반 작업의 효율성을 높이기 위해 만들어졌고 1840~50년대 자바의 북부 해안에

그림 2-7 다양한 형태의 찹(cap)

그림 2-8 찹 작업

서 일반화되었다. 찹은 바틱 생산의 혁명을 일으키면서 바틱의 산업화를 가능케 했다. 학자들은 찹의 등장이 없었다면 오늘날까지 바틱이 이어지지 않았을 것이라고 말한다. 찬팅이 여성들의 작업이라면 찹은 남성들의 작업이다. 찹을 사용하는 기술자는 직사각 형태의 작업대에 천을 올려놓고 말람을 녹인 납작하고 둥근 형태의 용기에 찹을 담근 후 도장을 사용하듯 모티프를 연속해서 찍는 방식으로 의도한 문양을 만든다.

말람(malam)

찬팅이 만년필이라면 거기에 사용될 잉크가 필요한데 잉크 역할을 하는 것이 말람(malam)이다. 흔히 밀랍이라고 번역되는 말람은 밀랍과 다른 여러 혼합물로 이루어진 고형물이다. 염료에 대한 저항력

그림 2-9 말람(malam)

을 줘서 말람이 칠해진 부분이 염색되지 않게 하는 것이 주 역할이다. 일반적으로 밀랍과 파라핀의 혼합물에 송진, 유칼리유, 동물성 기름을 첨가해서 말람을 만든다. 밀랍은 말람을 보다 부드럽게 만드는 역할을 하고 파라핀은 말람을 보다 깨지기 쉬운 형태로 만들어 준다. 파라핀을 많이 첨가한 말람은 균열이 생긴 것 같은 효과와, 나무줄기 모양 혹은 대리석 형태의 모티프를 만들 때 사용된다. 송진과 유칼리유는 모두 점성을 높여 주는 역할을 하고 동물성 기름은 말람이 잘 제거될 수 있는 유연성을 제공한다.

가왕안(gawangan)

바틱 작업을 하기 위해 천을 걸어 놓는 나무 혹은 대나무로 된 틀을 지칭한다.

와잔(wajan)

직경이 15-20cm 정도 크기의 말람을 녹이는 냄비 모양의 용기이다.

반둘(bandhul)

가왕안 위에 놓여 있는 천을 고정시키기 위한 용도로 사용되는 추가 달린 고리 모양의 도구이다.

앙로(anglo)

말람을 녹이는 용도로 사용되는 작은 화로이다.

쳄플로겐(cemplogen)

나무로 된 손잡이에 뾰족한 여러 개의 바늘이 붙어 있는 도구로서 밀랍으로 모양을 그린 후 그 위에 작은 구멍을 뚫어서 배경 무늬를 만드는 데 사용된다. 자바 북부 해안의 인드라마유(Indramayu) 지방에서 즐겨 사용된다.

쿠아스(Kuas)

넓은 모티프, 빈 공간 등에 왁스를 바르는 작업에 사용되는 붓을 지칭한다.

4. 인도네시아 바틱의 역사

바틱 역사에서 가장 논란이 되고 있는 부분이 바틱의 기원이다. 바틱의 기원에 대한 학자들의 의견은 대부분 불충분한 증거에 토대를 둔 추측성 주장이다. 바틱에 사용되는 저항력을 이용해서 직물에 염료가 스며들지 못하게 하는 방법은 인도, 중국, 스리랑카, 투르키스탄, 서부 아프리카, 인도차이나, 일본 등 다양한 지역에서 사용되었다. 인도네시아에서도 언제부터 바틱이 만들어졌는가에 대한 이견이 존재한다. '힌두교가 전파되기 이전부터 행해졌다', '16세기 이후에 존재했다', '17세기 초반 마타람(Mataram) 왕조의 술탄 아궁(Agung) 시대에 바틱의 존재가 인식되기 시작했다', '술탄 아궁 시대에 의복으로서 바틱의 인기가 정점에 이르렀다' 등 다양한 주장이 제기된다(Ramelan, *et al.*, 2010).

바틱의 기원에 대해 논할 때 인용되는 증거물로는 9세기경쯤 사일렌드라(Sailendra) 왕조에 의해 건축된 족자카르타 근교에 있는 보로부두르(Borobudur) 사원과 1세기 가량 늦게 건축된 프람바난(Prambanan) 사원의 부조(relief)에 나타난 문양 그리고 자바 동부 숨버르자티(Sumberjati)의 시핑(Siping) 사원에서 발견되는 돌상에 새겨진 의상 등이 있다. 불교 사원인 보로부두르에서는 바틱에서 사용되는 연꽃 모양의 부조가 발견되었고, 힌두 사원인 프람바난과 시핑 사원에서는 같은 패턴의 문양이 반복되는 카웅(kawung) 모티프와 유사한 문양이 발견되었다.

하지만 이러한 증거물로 바틱의 기원을 설명하기에는 부족하다. 첫째, 바틱에 등장하는 모티프가 위에 언급된 조형물의 문양을 참고했을 가능성을 배제할 수 없다. 둘째, 조형물에서 나타나는 디자인이 바틱 모티프뿐만 아니라 인도네시아의 다른 전통의상인 송켓(songket)이나 이캇(ikat)에서도 발견된다. 셋째, 문양의 수직, 수평적 정렬과 규칙적으로 반복되는 패턴의 정교함을 고려해 볼 때 염색 기법보다는 직조에 의해 만들어졌다는 주장에 더 무게가 실린다(Gettinger, 1985). 한편 바틱이 꽤나 최근에 만들어진 전통이라고 주장하는 학자들은 우선 자바어에 바틱이라는 단어가 존재하지 않았다는 점, 14세기경 유럽 여행자들의 기록에 바틱을 만드는 과정이 언급되지 않았다는 점, 그리고 현지에서 생산된 조악한 면직물로는 바틱에 나타난 정교한 모티프를 표현할 수 없었다는 점을 그 근거로 들고 있다. 면화는 1800년대에 인도, 1815년부터는 네덜란드, 그리고 더 최근에는 일본으로부터 수입되었다.

언어학적인 관점으로 보았을 때, 글로 보존된 자료 중에서 'batik'이라는 용어가 가장 먼저 등장한 것은 1641년 자바의 바타비아(Batavia: 현재의 자카르타)에서 수마트라의 벙쿨루(Bengkulu)까지 가는 화물선적에 사용된 선화증권이다(Elliott, 2004; Kerlogue, 2004; Fraser-Lu, 1991). 하지만 여기서 사용된 단어가 오늘날 바틱이라고 일컬어지는 물건을 지칭하는 것인지에 대한 정확한 증거는 없다. 오랜 시간 원형상태를 유지하지 못하는 옷감의 특성과 인도네시아의 덥고 습한 열대성 기후의 영향으로 18세기 후기 이전의 증거물은 발견되지 않고 있다.

한편 인도네시아의 유명한 여성 바틱 디자이너인 조세핀 코마라(Josephine Komara)의 남편이자 인류학자인 로니 시스완디(Ronny Siswandy)는 인도네시아 야야산 바틱(Yayasan Batik)에서 출판한 저서 『바틱: 인도네시아의 영혼』에서 인도네시아 바틱의 기원을 다음과 같이 세 가지로 정리한다(Siswandy, 1999). 우선 이민과 무역을 통해 바틱을 만드는 기술이 외부로부터 들어와 인도네시아 전역으로 확산되었다고 보는 문화전파적 관점이다. 그는 바틱 기법이 이주자와 함께 그리고 무역 상품의 형태로 들어왔다고 추정한다. 학자들은 그 공여국으로 인도와 중국을 지목한다. 무엇보다 인도의 직물로부터 많은 영향을 받았다. 다음으론 문화접변적 관점으로서 인도네시아에 거주했던 원주민들이 외부로부터 전해진 바틱의 발달과정에 적극적으로 참여했다고 보는 입장이다. 이 주장을 옹호하는 학자들은 바틱이 인도네시아로 유입된 시점에 이미 현지인들은 바틱에 익숙한 상태였고 외부요소를 현지의 필요에 따라 걸러 내고 자신들의 필요에 부합하는 요소만 남겨서 현지문화를 풍요롭게 만들었다고 믿는다. 마지막으로 바틱이 현지의 전통이었다고 주장하는 학자들은 바틱의 기원과 발전이 인도네시아에서 이루어졌다고 믿는다. 특히 바틱의 기술적인 측면에서 더욱 그러하다. 외부세계와의 문화접촉이 바틱을 변화시켰다고 보기보다는 인도네시아 바틱이 외부요소를 채택하고 적용시켰다고 해석한다.

로니 시스완디는 바틱을 기술적인 측면과 모티프적인 측면으로 구분해서 접근해야 한다고 주장했다. 그의 주장에 따르면 단순한 저항력을 이용한 염색법이 아닌 기술적으로 완성도 있는 바틱을 만들기 시작한 곳이 인도네시아라는 것이다. 그는 천의 앞·뒷면 모두에 작업을 할 수 있는 우수한 말람과 구리를 이용해서 찬팅과 찹을 만드는 기술이 타 지역에서는 발견되지 않는다는 점에서 인도네시아에서 유래된 것이라고 주장한다. 반면 바틱 모티프는 공유된 유산으로서 다양한 문화의 영향에 의해 만들어진 결과물이다. 따라서 바틱의 기원에 대해 논할 때 모티프와 기술적 측면을 분리해서 판단해야 함을 강조한다.

이상에서 살펴본 것처럼 바틱이 유래된 시점과 지역을 설명해 줄 신빙성 있는 자료는 존재하지 않는다. 바틱을 단지 저항을 이용한 염색방법으로만 간주한다면, 여러 지역에서 비슷한 시기에 동시다발적으로 출현했을 가능성도 배제할 수 없다. 원시적 형태의 바틱이 아닌 찬팅을 사용하는 높은 수준의 염색법은 인도네시아에서 유래되었을 가능성이 높다. 따라서 현재 인도네시아인들의 관념 속에 존재하는 바틱은 인도네시아에서 유래된 것으로 추정된다.

자바 지역에서 원시 형태의 바틱은 최소한 16세기 이전에 시작되었고, 의상으로서 사용된 것은 대략 17세기 자바의 궁궐에서 시작되었다고 추측된다(Hardjonagoro, 1999). 원시 형태의 바틱으로는 쌀풀의 저항력을 이용한 카인 심붓(kain simbut)이 있다. 하지만 수용성인 쌀풀은 정교한 문양을 표현하는 데 많은 제약이 따랐기 때문에 카인 심붓의 모티프는 단순한 십자 선이나 원 형태였다. 또 다른 형태의 원시 바틱은 남부 술라웨시 토라자(Toraja)에서 발견되는 마(Ma'a)이다. 마가 외부와 격리된 산악 지역에서 시작되었다는 사실은 바틱이 인도네시아에서 유래되었다고 주장하는 학자들의 주장의 근거로 사용되기도 한다. 초기에는 쌀로 만든 풀을 천에 바른 후 색칠을 하는 단순한 형태였지만 점차 대나무로 만든 펜을 이용해서 왁스를 바르는 더욱 세련된 방식으로 발전했다. 원시 형태의 바틱과 현재와 같은 형태의 바틱과의 차이는 말람의 사용여부이다. 말람의 정확한 사용 시점은 알려지지 않았지만 말람의 사용은 정교한 모티프와 완성도 높은 바틱을 만드는 것을 가능케 했다(Iwan Tirta, 1996).

인도네시아에서 바틱은 인도로부터 수입된 직조 방식으로 만들어진 직물을 대체하는 형태로 발달했다. 바틱은 다른 방식의 전통의상이나 수입품에 비해 장식이 쉽고 자유롭기 때문에 처음에는 단순히 다른 직물을 모방하는 것에서 시작해서 서서히 모방했던 물건들을 대체하기에 이르렀다. 이 시기의 바틱은 의상보다는 제단이나 궁중에서 사용되는 천 혹은 벽을 장식하는 톡위(tokwi)로 사용되었다. 당시 제단에 사용되었던 천은 중국에서 들어온 정교하게 수가 놓인 직물이었다. 하지만 점차 현지의 늘어나는 수요를 공급이 따라가지 못하자, 이러한 품목들이 바틱으로 대체되기 시작했다. 그 후 이슬람 상인들이 가져온 양질의 재료를 사용하기 시작하면서 바틱이 더욱 고급스럽고 완성도 높은 경지에 오르게 되었다(Iwan Tirta, 1996).

네덜란드의 식민 통치하에서 현지인들은 고달픈 삶을 영위했지만 1815년부터 1860년 사이에 인구가 약 두 배로 늘어났고 1900년까지 또 다시 두 배로 늘어났다. 현지인들의 인구증가와 함께 대규모 농장의 확장과 석유의 발견으로 네덜란드인의 유입을 증가시켰다. 이와 같은 인구의 폭발적인 성장은 노동력 증가, 구매력을 갖춘 소비자의 증가, 면화와 바틱 시장의 성장으로 이어졌다. 1840~50년대는 바틱 작업의 효율성을 획기적으로 높여 준 찹의 등장으로 바틱의 산업화가 이루어졌다. 찹은 바틱 작업의 효율성을 높인 일등공신으로서 아마도 찹이 없었다면 지금과 같은 바틱 산업이 존재하지 못했을 뿐만 아니라 바틱이 대중화된 의상으로 자리매김할 수도 없었을 것이다. 1896년 수에즈운하의 개통과 증기선의 등장으로 인도네시아에 정착하는 유럽인의 수가 늘어나고 바틱의 수출도 증가했다. 자바 외의 다른 지역으로의 수출뿐만 아니라 미얀마, 캄보디아, 말레이시아, 싱가포르, 태국으로까지 수출하기 시작했다. 1890년부터 1910년까지 인도네시아 바틱은 황금기를 맞이했다(Veldhuisen, 1996).

20세기로 들어오면서 바틱에도 새로운 변화가 생겼다. 면직물의 품질 향상으로 인해 정교한 디자인이 가능해졌고 바틱 생산과 구매에 자바인 외에 유럽인, 중국인, 인디서(Indische)*, 아랍인이 참여하면서 바틱 디자인의 다양성이 요구되었다. 그 결과 새로운 실험을 통해

* 네덜란드인과 인도네시아인과의 결혼을 통해 출생한 후손으로 인도네시아에 거주하는 사람을 지칭하는 용어다. 네덜란드어 'Indische Nederlander'라는 용어에서 유래되었다.

디자인의 종류와 색상의 범위가 확대되었다. 또한 바틱 상품의 다각화가 이루어지면서 바틱을 이용한 다양한 상품이 나타나기 시작했다. 1850년대 후반 독일에서 화학 염료가 개발되었고 대략 1890년경에 자바로 수입되었다. 화학 염료의 등장으로 색상의 폭이 다양해졌을 뿐만 아니라 작업시간도 단축되었다. 1920년대 페라나칸(peranakan)*들이 바틱 제품의 주요 고객이 되면서 화학 염료는 이전의 천연 염료를 대체하기 시작했다.

수라카르타에서 1930년대부터 바틱을 생산한 바틱 크리스(Batik Keris) 사(社)는 바틱 디자인 대회를 개최해서 현대적인 바틱 디자인 개발에 박차를 가했다. 훗날 바틱 디자이너로서 인도네시아의 유명인사가 된 이완 티르타(Iwan Tirta)**는 1972년도 대회에서 우승을 차지했다. 그는 바틱의 새로운 유행을 창조하기 위해 다양한 실험을 했는데 수작업으로 거대한 크기의 바틱을 제작했고, 강한 색채를 사용해서 전통 모티프를 확대했고, 명주 천을 이용해서 고품질의 바틱을 만들었다.

변화를 시도하는 바틱 산업에 또 다른 촉매제 역할을 한 것은 1972

* 페르나칸은 인도네시아, 말레이시아, 싱가포르, 태국 남부 지역 등으로 이주한 중국인의 후손들을 지칭한다. 'peranakan'이라는 단어는 말레이어에서 '아이' 혹은 '어린이'를 지칭하는 'anak'이라는 단어에서 유래했다.

** 1935년에 블로라(Blora)에서 태어난 이완 티르타는 바틱 집안의 후손인 하르조나고로와 달리 판사였던 아버지의 영향으로 인도네시아대학과 미국 예일대학에서 법학을 전공했고 뉴욕에 위치한 유엔 본부에서 여러 해 동안 근무한 경험도 있다. 그는 인도네시아로 돌아온 후 연구자금(John D. Rockerfeller III Fund)을 받고 1960년대 후반 수라카르타에서 전통무용을 연구하던 중 자바문화에 매료되었다. 1970년에 자카르타에 자신의 바틱 공장을 세우고 바틱 디자이너로서의 삶을 시작했다.

년도에 자카르타 주지사였던 알리 사디킨(Ali Sadikin)이 공식적인 모임에서 남성의 긴소매 바틱 셔츠를 정식 복장으로 인정하는 조례를 만든 것이다. 이러한 관행은 점차 다른 지역으로 확산되었고 수하르토 대통령에 의해 더욱 보편화되었다. 지금까지도 인도네시아 모든 지역에서 정례화된 규범으로 지켜지고 있다.

바틱 산업은 1960년대부터 1980년대까지 번영기를 맞이하였지만 1980년대 이후 비실용적이고 구세대의 패션이라는 인식과 함께 쇠퇴기에 접어들었다. 21세기에 들어와서는 이웃 나라인 말레이시아와 바틱 소유권 문제로 갈등을 빚었고, 2009년에 유네스코의 인류무형문화유산으로 등재되었다. 말레이시아와의 바틱 소유권 갈등은 아이러니컬하게도 바틱 판매의 증가와 인도네시아 국민의 바틱에 대한 인식 전환의 계기가 되었다. 특히 바틱에 별다른 관심을 보이지 않았던 젊은 세대에게 바틱을 다시 생각하게 하는 계기가 되었고 인도네시아 전역에서 '바틱 내셔널리즘'이 일어났다.

바틱 내셔널리즘은 말레이시아 정부에 대한 공식·비공식 항의, 말레이시아의 행동을 비방하는 글을 신문 사설란에 싣는 것, 각종 행사에 바틱 착용을 권장하는 것, 바틱의 날 제정, 바틱과 관련된 세미나 및 문화행사 등을 포함한다. 2000년대 후반부터 외부적인 기폭제에 힘입어 바틱 산업이 새로운 활력을 되찾기 시작했다. 현재 바틱은 패션상품으로 유럽, 미국, 일본 등 다수의 국가로 수출되고 있을 뿐만 아니라 순수예술로도 그 외연을 확장하고 있다. 특히 1970년대 이후에 순수예술로서 바틱이 크게 발전했다.*

요컨대 바틱은 끊임없이 변화하면서 외연을 확대하고 있다. 원시적인 염색법에서 예식에 사용되는 고급스러운 직물을 만드는 염색법으로 발전했고, 집안이나 궁궐에서 행해지던 가내 수공업에서 산업의 형태로 성장했다. 산업화를 통해 바틱은 대중적 의상으로 변모했고 다양한 상품의 형태로 다각화되었다. 1970년대 이후 순수예술의 영역으로까지 확대되고 있으며 최근에는 말레이시아와 바틱 소유권 갈등을 빚으면서 인도네시아를 대표하는 중요한 문화 아이콘으로 대두되고 있다.

그림 2-10　3차원의 입체적 바틱

* 바틱을 순수예술로 승화시키기 위해 다양한 실험적인 바틱을 시도하고 해외의 예술가들과 협업을 추진하고 있는 대표적인 선두 주자가 아구스 이스모요(Agus Ismoyo)와 니아 플리암(Nia Fliam) 부부이다. 이들 부부는 바틱을 이차원적인 평면뿐만 아니라 여러 겹의 천을 사용해서 입체적인 바틱 조형물을 만드는 것을 시도한다. 필자는 2010년 12월 23일에 족자카르타 근교에 위치한 두 부부가 운영하는 스튜디오(brahma tirta sari)에 방문해서 인터뷰를 실시했다. 미국인 부인 니아 플리암은 미국에서 직물을 전공했고 인도네시아인 남편 아구스 이스모요는 대대로 수라카르타에서 바틱을 만들어 온 집안에서 성장했다. 두 사람은 서로 협업을 통하여 만든 작품으로 시드니 비엔날레(1997), 아시아 태평양 트리엔날레(1999) 같은 미술행사에 참여했다.

3장

바틱 모티프에 담긴 인도네시아인들의 삶과 문화

1. 모티프의 특징과 종류

1) 모티프의 특징

바틱이 저항력을 이용한 염색 방법임에도 불구하고 인도네시아 사람들은 바틱에 즐겨 사용되는 대표적인 모티프를 바틱으로 인식한다. 바틱의 특성상 무수히 많은 모티프가 존재할 수 있지만 대표적인 모티프는 일반인들에게도 잘 알려져 있고 일부는 스토리텔링을 가지고 있기도 하다. 찬팅을 사용해서 만들어지는 바틱 툴리스는 캔버스

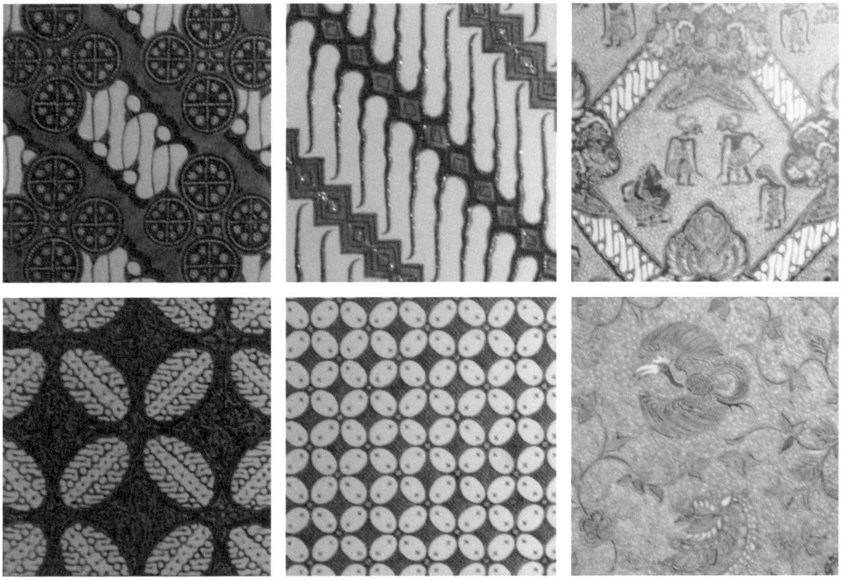

그림 3-1 바틱 모티프

에 물감으로 그림을 그리는 것만큼의 자유로움이 있다. 일반적으로 바틱 모티프는 이름이 알려진 것만 3천 가지가 넘는다. 모티프는 자연만물, 신화, 민화, 농사와 어업을 바탕으로 하는 자바인의 삶, 자바인의 정신세계, 인도네시아 그림자극인 와양 쿨릿(wayang kulit), 전통음악인 가믈란(gamelan) 같은 다른 전통문화들의 요소를 포함한다(Ministry of Culture and Tourism of the Republic of Indonesia, 2008). 또한 오랜 외래문화와의 교류와 식민 지배의 영향을 반영한다.

인도네시아의 대표적인 직물인 이캇(ikat)이나 송켓(songket)에서도 이 같은 특징들이 발견되지만 정도의 측면에서는 바틱에 미치지 못한다. 바틱은 홀치기염색 방식으로 모티프를 나타내거나, 색실로 옷감을 짜는 방식이 아니라 실제로 그림을 그리는 방식을 사용하기 때문에 이캇이나 송켓보다 모티프를 나타냄에 있어 훨씬 자유롭고 다양한 디자인을 시도할 수 있다. 이캇은 'mengik'이라는 단어에서 유래된 것으로 '묶다', '감다'라는 뜻이다. 미리 의도한 모티프의 모양에 따라 여러 가닥의 실을 묶은 후 염색을 하는 방법이다. 실에 묶인 부분은 염색되지 않고 묶이지 않은 부분만 염료에 의해 염색되기 때문에 일정한 형태의 모티프를 만들 수 있다. 염색된 실을 가지고 직조를 통해 모티프를 완성한다. 씨실이나 날실 중 어느 한쪽만 사용해서 직조하는 방법과 양쪽을 모두 사용하는 방법인 더블 이캇이 있다. 송켓은 직조를 하면서 원하는 모양의 모티프를 다른 색의 실을 추가해서 완성하는 방식(supplementary weaving)이다. 두 방식 모두 전통의상으로서 매우 가치 있고 높이 평가되지만 모티프를 나타내는 방식에 있어서 바틱처럼 자유롭지 못하다. 바틱의 가장 큰 장점은 "디자인의 무한한 가능성과 예술적인 자유로움이다"(van Roojen, 2001). 바틱 모티프 형성에 영향을 주는 요소로는 '바틱이 만들어지는 곳의 지리적인 특징', '지역의 사회질서 및 생활 방식', '지역의 신앙, 관습, 전통', '동·식물군을 포함하는 자연 환경', '다른 지역과의 접촉' 등이 있다(Djoemena, 1990).

자바의 문화인 바틱이 인도네시아를 대표하는 상징성을 획득하기 위해서는 다수 종족인 자바족뿐만 아니라 다양한 소수 종족의 정체성을 포함하는 포괄성이 있어야 한다. 이처럼 자바문화라는 한계가 있음에도 불구하고 바틱에서 인도네시아 군도 전체를 대표할 요소를 찾을 수 있는 부분이 바로 모티프이다. 바틱은 독립 이전까지 수마트라*의 잠비(Jambi), 마두라(Madura), 발리(Bali) 같은 몇몇 지역을 제외하면 대부분 자바에서 생산되었다. 하지만 모티프는 자바에 국한되지 않고 그 외연이 인도네시아 군도를 넘어서 무역을 통해 이어진 다양한 문화와 연결되어 있다. 이러한 사실은 바틱이 자바 중심의 한계를 극복하고 다종족으로 구성된 인도네시아를 대표할 잠재력을 제공해 준다.

* 수마트라 지역에서도 바틱이 만들어졌지만 바틱에 관한 충분하고 신뢰할 만한 자료가 존재하지 않는다. 자바의 영향을 받기 이전에 수마트라에서 만들어진 바틱은 대체로 인도식 바틱과 유사했다. 수마트라에서 발견되는 바틱의 대부분은 자바 지역의 인드라마유(Indramyu), 프칼롱안(Pekalongan), 라슴(Lasem), 치르본(Cirebon)에서 온 것으로서 주문자의 취향과 의도에 따라 만들어진 후 수마트라 지역으로 수출된 것이다. 19세기부터 수마트라의 중동부 지역에 위치한 잠비(Jambi)에서는 자체적으로 바틱이 생산되었는데 이곳에서 생산된 바틱은 자바의 북부 해안의 형식에 큰 영향을 받았다. 잠비 바틱은 중앙에 마름모 모양이 있는 것이 특징이다.

이와 같은 논리는 인도네시아문화의 가장 큰 특징 중 하나인 절충적 성향에 의해 강화될 수 있다. 특히 북부 해안 지역은 자바 특유의 절충적인 특색을 띤다. 미국의 저명한 인류학자인 클리포드 기어츠(Clifford Geertz, 1973)의 설명에 따르면 인도네시아의 본질주의적 요소는 오래전부터 심하게 동질성을 상실했었고 매우 절충적이었다. 거대 문명 사이에 위치했을 뿐 아니라 중요한 해상무역로에 위치해 있어서 본질적인 요소는 이미 외부 문화의 이질적인 요소에 많은 영향을 받았다. 인도네시아문화의 절충적인 성격은 바틱 모티프에도 영향을 미쳐 모티프는 다양한 외래문화를 수용하고 있다.

2) 모티프의 종류

일반적으로 바틱 모티프는 중부 자바의 문양으로 대표되는 기하학적인 모티프와 북부 해안의 자유로운 형태의 비기하학적인 모티프, 그리고 배경을 이루는 모티프로 나뉜다. 같은 모티프가 지역에 따라 다른 이름으로 불리기도 하고 모티프의 의미와 상징을 해석함에 있어서 다양한 이견이 존재하기도 한다. 종종 세월이 흐르면서 모티프 본래의 의미가 바뀌는 경우도 발생한다. 과거 선조들이 부여했던 본래의 의미는 퇴색되고, 후손들은 자신들에게 주어진 환경을 반영하여 새로운 의미를 부여하기도 한다. 또한 종교와 문화적 세계관의 변화에 따라 동일한 모티프에서 새로운 상징성을 찾기도 한다. 하지만 일반적으로 구성원들 사이에서 통용되고 받아들여지는 의미가 존재한다. 모티프의 이름은 그 모티프의 형상을 지칭하거나 모티프에 압축되어 있는 의미와 연관되기도 한다.

기하학적 모티프는 별, 십자선, 꽃 모양의 장식, 다각 형태의 모양들이 반복적이면서 대칭적으로 나타나는 무늬를 일컫는다. 하나의 모티프로 이루어진 매우 단순한 형태에서부터 여러 개의 모티프가 반복적으로 나타나는 형태, 그리고 더욱 발전해서 복잡한 여러 개의 모티프가 합쳐져 또 다른 형태의 무늬를 만들어 내는 경우도 있다. 기하학적 모티프를 츠플로칸(ceplokan) 모티프라고 부르기도 하는데 츠플로칸 모티프는 꽃이나 과일, 새, 곤충, 동물 등을 매우 단순화시켜서 나타낸다. 이것은 생물체의 형태를 현실적으로 나타내는 것을 금하고 있는 이슬람의 영향을 반영하고 있다.

하지만 몇몇 모티프들은 오랜 세월이 지속되면서 역사성과 인지도로 인해 츠플로칸이라고 불리기보다는 고유한 이름을 가지고 새로운 범주의 모티프로 분류되기도 한다(Fraser-Lu, 1991). 좁은 의미의 츠플로칸은 주로 원형에 바탕을 두고 있는 다양한 반복적인 기하학적 모티프를 의미한다. 츠플로칸의 범주에 속하는 모티프는 우주구조에 대한 자바인들의 믿음을 나타내고 있는데 츠플로칸 모티프에 자주 등장하는 십자선의 중심은 우주세계의 힘의 원천으로 간주된다. 기하학적 모티프를 크게 세 가지 형태로 구분할 수 있는데 십자선(crossing lines), 대각선(diagonal lines), 직조 모양과 겹줄(woven and ply)이 있다.

바틱 모티프 분류와 특징	
기하학적 모티프	-반복적이면서 서로 대칭을 이루거나 축을 기준으로 특정한 모양을 이룸 ※츠플록(ceplok), 카웅(kawung), 파랑(parang), 레렝(lereng), 니틱(nitik) 등이 있음
비기하학적 모티프	-풍부한 상상력을 바탕으로 화려하게 장식되는데, 이러한 모티프들을 일반적으로 스멘(semen)이라고 부름 -꽃과 나뭇잎으로 구성된 모티프, 꽃과 동물, 그리고 가루다 날개가 함께 어우러진 모티프 등이 있음 ※피상 발리(pisang bali), 가루다(garuda), 슴바겐(sembagen), 쿠다 룸핑(kuda lumping) 등이 있음
배경 모티프	-인도네시아 바틱의 특징 중 하나는 바틱 패턴에 빈 공간을 남기지 않는 것임 -따라서 바틱 여백의 대부분은 자유롭게 반복되는 모티프로 채워지는데, 이러한 모티프를 이센이센(isen-isen)이라고 부름 ※반지(banji), 그린싱(grinsing), 폴릉(poleng), 츠츨 사왓(cecel sawat), 우층(uceng), 시라판(sirapan), 므린존(mlinjon), 아다 아다(ada ada), 찬텔(cantel) 등이 있음

표 3-1 바틱 디자인 분류와 특징

비기하학적 모티프는 기하학적 모티프에서 발견되는 절제되고 정형화된 형태에서 벗어나 풍부한 상상력을 바탕으로 자유롭고 화려하게 장식된다. 비기하학적 모티프를 일반적으로 스멘(semen)이라고 부른다.* 'semen'이라는 용어는 '싹을 틔우다', '성장하다'라는 뜻의 'semi'

* 아직까지 바틱에 대한 학문적인 정리가 미흡하기 때문에 모티프를 구분하는 범주의 상 · 하 개념 자체가 모호하고 서로 상충되는 경우가 자주 발생한다. 프레이저 루(Fraser-LU)와 반 로엔(van Roojen) 같은 학자는 스멘(semen)을 비기하학적 모티프를 총칭하는 개념으로 생각하고 꽃, 새, 동물 등의 모티프를 스멘의 한 종류로 분류했다. 반면 인도네시아의 유명한 바틱 브랜드인 '다나 하디(Danar Hady)'에서 출판한 『바틱: 영향과 환경』에서 산토사 두라(H. Santosa Doellah)는 비기하학적 모티프를—스멘(semen), 룽룽안(lung-lungan), 부케탄(buketan), 핑기란(pinggiran)—네 개의 범주로 분류했다.

로부터 왔다. 스멘 모티프로 형상화된 주요 대상은 작은 봉오리나 덩굴손, 단순하게 정형화된 동·식물군, 상징적인 풍경 등이다(Gillow, 1992).

스멘 모티프에서는 꽃이나 나뭇잎보다 꽃봉오리와 덩굴 등이 더욱 중요한 요소다. 식물로만 이루어진 스멘 중에서 주로 덩굴 식물에 초점을 맞춘 것을 룽룽안(lung-lungan)이라고 부른다. 이러한 나뭇잎이나 덩굴 등은 새, 동물, 혹은 다른 형상과 함께 배경무늬를 이루기도 한다. 인도네시아 예술에서 새는 매우 큰 비중을 차지하는데 스멘에 자주 등장하는 새로 가루다(garuda)가 있다. 가루다는 본래 힌두신화에 나오는 비슈누(Vishnu)의 운송수단과 같은 역할을 하는 새로서 반은 인간이고 반은 독수리로 이루어졌다. 가루다는 힌두교의 발상지인 인도보다 인도네시아에서 더 큰 사랑을 받고 있는데 인도에서는 가루다가 귀족의 휘장으로 사용되고 있지만 인도네시아에서는 국장으로 사용된다. 이슬람의 영향으로 바틱에서는 가루다가 양식화된 형태로 나타난다. 동물군에서 대표적인 모티프로 자주 등장하는 것으로는, 힘과 지혜 그리고 신중함을 상징하는 코끼리, 봄과 농사를 상징하는 버펄로, 속도와 인내를 상징하는 춤추는 말인 쿠다 룸핑(kuda lumping), 호랑이, 원숭이, 사슴, 중국의 영향을 받은 사자, 장수와 행복을 나타내는 유니콘 그리고 지하세계, 다산, 물, 여성적인 요소를 나타내는 용 혹은 뱀 등이 있다.

자바인들은 바틱에 빈 공간을 남기는 것을 싫어한다. 그래서 바틱 여백은 주로 자유롭게 반복되는 모티프로 채워진다. 이러한 모티프를 이센이센(isen-isen)이라고 부르는데 이센은 점, 선, 사각형, 십자선, 나뭇잎, 꽃 등이 단순하게 반복되는 디자인을 말한다. 'isen'이라는 단어는 어근 'isi'와 접미사 'an'으로 구성된 단어로 'isi'는 인도네시아어로 '채우다'라는 뜻이고 인도네시아어는 같은 말을 두 번 반복하면 복수의 의미가 된다. 따라서 이센이센은 바틱의 배경을 채우는 무늬를 총체적으로 부르는 말이다. 인접 국가인 말레이시아, 태국 남부 지방, 싱가포르에서 생산된 바틱으로부터 인도네시아 바틱을 구별하는 중요한 요소가 이센인데 이러한 지역에서 생산된 바틱에서는 이센이 배경 모티프로 사용되지 않는다(Iwan Tirta, 1996). 모티프 사용에 있어서 보수적이고 엄격했던 중부 자바에서 이센은 주로 주 모티프를 돋보이게 하기 위한 배경으로 사용되거나 주 모티프와 조화를 이루는 용도로 사용되었다. 하지만 몇몇 단조로운 바틱에서는 이센 그 자체가 배경이 아니라 주 모티프로 사용되는 경우도 있다. 대표적인 이센 모티프로 중국의 영향을 받은 반지(banji)와 가장 오래된 모티프로 추정되는 생선 비늘 모양의 그링싱(gringsing)이 있다. 그링싱은 반원 형태로 이루어져 그 안에 핵을 이루는 점을 각각 가지고 있다. 자바인들은 이러한 형태의 무늬가 질병으로부터 보호해 주는 효험이 있다고 믿었다. 그 외에도 체크무늬의 폴릉(poleng), 잎맥 모양의 츠슬 사왓(cecel sawat), 물고기 모양의 우층(uceng), 지붕 타일 모양의 시라판(sirapan), 마름모 모양의 므린존(mlinjon), 쌀 줄기 모양의 아다 아다(ada ada), 코코넛 나뭇잎 모양의 블라라크 사히릿(blarak sahirit), 담쟁이덩굴 모양의 찬텔(cantel), 그리고 갈고리 모양의 우클(ukel) 등이 있다.

바틱 모티프 중에는 궁중의 일상을 보여 주는 재미있는 스토리텔링을 가지고 있는 것이 있다. 대표적인 모티프가 트룬툼(truntum)이다. 트룬툼의 의미는 일반적으로 일깨움과 싹트는 사랑이라고 알려져 있다. 하지만 'truntum'이 자바어의 'tumtum', 'tumaruntum', 'tentrem'이라는 단어에서 유래되었다는, 다른 주장도 존재한다. 단어의 의미는 각각 '다시 성장하다', '안내', '평화'이다. 모티프와 관련된 일화만을 가지고 생각해 보면 첫 번째 단어가 가장 설득력이 있다.

트룬툼 모티프의 일화는 다음과 같다. 왕(Sunan Pakubuwana III)에게 사랑받던 왕비(Kanjeng Ratu Kencana)가 새로운 후궁이 들어오면서 왕의 관심으로부터 멀어지자 왕비는 외로움을 달래기 위해 바틱을 만들게 되고 매일 어두운 밤하늘에 반짝이는 별을 그리게 된다. 그러던 어느 날 왕은 바틱 작업에 몰두하고 있는 왕비의 모습에 끌리게 되고 왕비에게 다가가 왕비가 그리던 모티프의 이름을 물어보았지만 왕비는 아직 이름이 없다고 대답한다. 그날부터 왕은 왕비가 바틱 작업하는 모습을 관찰하기 시작했고 왕비는 다시 왕의 사랑을 받게 되었다. 중부 자바 지역의 결혼예식에서 신부의 부모들이 트룬툼이 있는 의상을 즐겨 착용한다. 트룬툼 모티프는 여덟 개의 작은 꽃잎으로 이루어진다. 가운데 점을 중심으로 방사상으로 뻗어 나가는 꽃잎은 모든 권력이 중심부에서 사방으로 퍼져 나가는 것으로 이해했던 고대 자바의 우주

그림 3-2 트룬툼(Truntum)

관을 보여 준다.

기하학적 모티프와 비기하학적 모티프 중에서 잘 알려진 것들의 의미를 정리하면 다음과 같다.

기하학적 모티프

카웅(kawung)

카웅은 본래 츠플로칸에 속한 종류이지만, 위에서 언급한 것처럼 그 자체가 하나의 범주로 독립되었다. 둥근 모양 혹은 타원 모양이 여러 개 겹쳐 있거나 서로 맞닿은 형태를 이루고 있다. 가장 잘 알려진 형태는 네 개의 타원이 가상의 십자선 주위를 둘러싸고 있는 형태다. 이름의 유래는 잘 알 수 없지만 사탕 야자나무(aren palm)를 반으로 절단한 형태를 지칭한다는 주장이 가장 일반적인데, 그 이유는 'kawung'이라는 단어의 뜻이 이 나무의 옛 이름이기 때문이다(Iwan Tirta, 1996). 형태에 대한 다양한 해석이 존재하는데, 타원형 속에 있는 십자모양이 과일의 씨앗을 상징한다는 것에서부터 네 개의 나뭇잎으로 이루어진 단순화된 연꽃 또는 생선의 비늘에서 변화되었다는 주장까지 다양하다. 카웅 디자인은 13세기 이후부터 존재했다고 추정되는데 마자파힛 시대에 동부 자바의 크디리(Kediri) 지역에 있는 석상과, 중부 자바의 족자카르타 근교에 있는 프람바난 사원에서 비슷한 형태가 발견되기 때문이다. 한편 자바인들은 세상에 다섯 가지 방향이 있다고 믿는데, 동서남북 네 방향에 중앙이 더해진다. 중앙은 신이 거주하는 곳으로

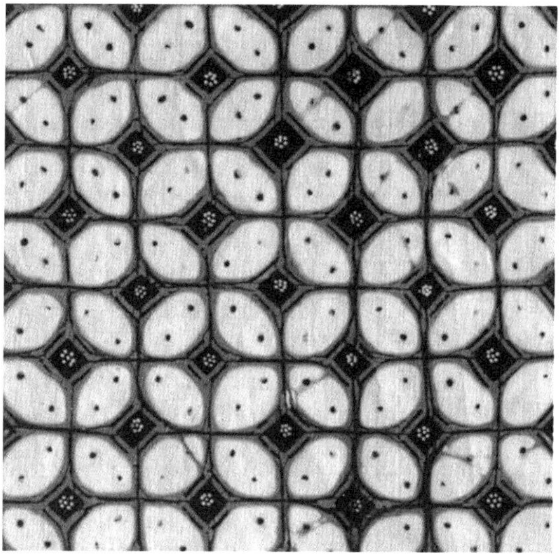

그림 3-3 카웅(kawung)[2]

모든 방향이 중앙에서 시작된다. 열십자 형태의 네 개의 원이 가운데를 중심으로 둘러싸거나 서로 맞물려 있는 카웅의 형태는 자바의 상징적인 구분체계와도 밀접한 관련성을 갖는다(Veldhuisen-Djajasoebrata, 1980).

파랑(parang)

인도네시아어에서 'parang'이라는 단어는 검을 의미한다. 일반적으로 파랑은 인도네시아의 전통 검인 크리스(keris)를 상징하는데, 이는 힘과 성장을 함축하고 있다. 지배자들에 의해 착용되는 파랑은 아무런 흠 없이 완성되어야 한다. 만약 흠이 있으면 모티프가 지닌 힘이 파괴된다고 믿기 때문이다. 파랑 디자인은 그 종류가 40 가지도 넘

그림 3-4 파랑 바롱(parang barong)

는다. 그중 가장 잘 알려진 것이 파랑 루삭(parang rusak)이다. 루삭(rusak)은 '파괴된', '부서진'이라는 의미로서 두 단어(parang rusak)의 함축적 의미는 적을 '무찌른다' 혹은 '임박한 위험을 피하다' 등으로 해석된다. 파랑 루삭의 유래와 모티프가 상징하는 의미에 대해 서로 다른 해석이 존재한다. 가장 잘 알려진 설은 마타람 왕조의 술탄 아궁(Agung)이 파랑 루삭 모티프를 만들었다는 것이다. 술탄 아궁이 자바의 남쪽 해안에서 파도에 부서지는 바위를 보면서 명상을 하다가 모티프를 착안했다는 것이다. 'rusak'은 이미 위에서 언급한 것처럼 '부서진'이라는 뜻이고 인도네시아 말로 바위는 parang과 소리가 비슷한 'karang'이다. 따라서 모티프의 형태가 부서진 바위에서 유래되었다는 것이다. S형의 대각선 모티프가 뛰어난 솜씨를 의미한다고 주장하는 설도 있다. 모티프의 크기에 따라 이름이 바뀌기도 하는데 이는 고대 인도의 대서사시인 '라마야나(Ramayana)'의 등장인물의 성격과 연관된다. 가장 작은 크기인 파랑 루삭 크리틱(parang rusak kelitik)은 섬세한 성격의 데위 시티(Dewi Siti) 공주를 나타내고, 중간 크기인 파랑 루삭 근드레(parang rusak gendreh)는 라마야나의 영웅인 아르주나(Arjuna)의 균형 잡힌 성격을 나타내고, 가장 큰 파랑 루삭 바롱(parang rusak barong)은 괴물 같은 성격의 소유자인 거인 쿰바카르나(Kumbakarna) 왕자를 상징한다(Iwan Tirta, 1996).

그림 3-5 니틱 차카르 모티프*

니틱(nitik)

니틱은 가장 오래된 모티프 중 하나로서 인도 구자라트(Gujarat) 지방에서 직조로 만들어진 파톨라(patola)로부터 많은 영향을 받았다. 니틱 패턴은 주로 점으로 이루어진 선이나 줄무늬 모양이 평행선으로 반복되거나 직각 형태의 모양을 이루는 직조 모양을 띠고 있다. 이러

* 차카르 모티프는 가운데 살(spoke)이 있는 원이 서로 연결된 형태로 구성된다. 이는 힌두교에서 비슈누의 화신인 크리슈나의 무기—여덟 개의 살을 가진 수레바퀴—인 차크라(chakra 혹은 cakra)와 관련성이 있다.
출처: http://www.tjokrosuharto.com/en/kain-batik-cap-jogja/25355-bcp-354-batik-yogya-cap-petilan-nitik-cakar-btn.html

한 문양은 아마도 밀랍을 면에 떨어뜨리는 초기적인 바틱 기술에서 유래되었다고 판단된다. 'nitik'이라는 단어는 'batik'에서와 마찬가지로 'tik'이라는 단어에서 왔는데 'tik'의 의미는 '떨어뜨리다'라는 뜻이다. 이러한 이유로 몇몇 학자는 니틱이 아주 오래된 모티프라고 추정하기도 한다.

가리스 미링(garis miring)

'레렝(lereng)' 혹은 '가리스 미링'이라고 불리는 모티프는 서로 다른 여러 모티프를 포함하는데, 이러한 모티프들의 공통점이 무늬가 대각선 모양으로 흘러내린다는 것이다. 그중 가장 유명한 두 모티프를 꼽는다면 앞에서 살펴본 파랑(parang)과 우단 릴리스(udan liris)이다. 가랑비를 뜻하는 우단 릴리스는 농경사회에서 비옥함을 상징한다. 다양한 디자인과 자연의 형태를 혼합해서 평행하는 대각선으로 나타낸 모티프이다. 사선으

그림 3-6 우단 릴리스(udan liris)[3]

로 흘러내리는 대각선 안에는 혼합된 여러 가지 모티프들이 등장한다.

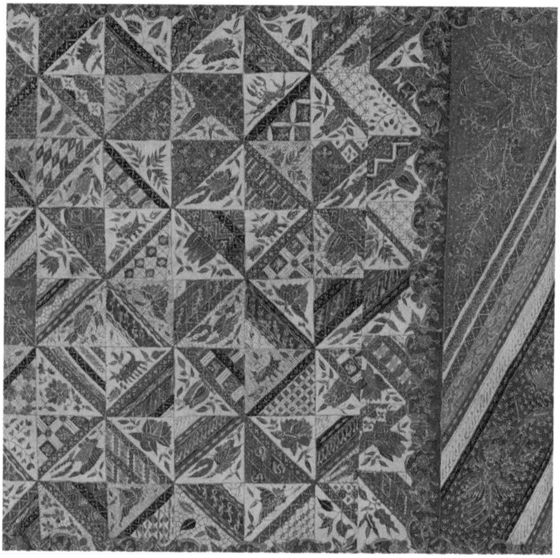

그림 3-7 탐발(tambal)[4]

탐발(tambal)

탐발로 불리는 패치워크(patchwork)는 처음 북부 해안을 통해 인도로부터 자바로 유입되었다. 시간이 경과한 후 유입된 모티프들이 북부 해안의 현지인들에 의해 재해석되면서 사롱에 적용되었다. 탐발은 직사각형, 정사각형, 마름모, 타원, 삼각형 등 다양한 형태의 무늬들이 마치 조각들을 기워 놓은 듯하다. 본래 '탐발'이라는 용어의 의미는 '서로 다른 남은 헝겊으로 기운'이라는 뜻으로 수사(修士)나 하층민들의 옷이었다(Fraser-Lu, 1991). 하지만 중부 자바에서 탐발 모티프는 주술적인 힘이 있다고 간주되었다. 예컨대 자바인들은 블라 크투팟(belah ketupat)이라는 모티프가 악귀를 쫓아내는 힘이 있다고 믿었고, 단순한 사각형 모양인 폴렝(poleng)이 풍요를 가져다준다고 생각했다. 족자카르타 지역의 경우 술탄은 자신의 왕국을 수호하기 위해, 신하는 악한 세력으로부터 보호받기 위해, 그리고 영아는 행운을 위해 탐발을 입거나 몸에 걸쳤다고 한다.

그림 3-8 **툼팔**(tumpal)[5]

툼팔(tumpal)

카인 판장, 사롱, 슬렌당의 크팔라 부분에서 발견되는 아주 오래되고 인기 있는 모티프로서 수직으로 놓여 있는 여러 개의 이등변삼각형 모양을 툼팔이라고 한다. 바틱 외에도 구리로 만든 징(북)의 가장 자리와 동부 자바의 고대 사원의 계단에서도 발견된다. 툼팔은 슬렌당(selendang)에서는 옷의 양쪽 끝 가장자리에 위치되고, 사롱에서는 중앙에 위치한다. 삼각형 안은 주로 동·식물 모티프로 채워진다.

비-기하학적 모티프

가루다(garuda)

바틱에서 가루다는 완전한 형태로 등장하거나 깃털 부분만 형상화해서 나타나기도 한다. 양식화된 가루다는 세 가지 형태로 분류될 수 있는데, 가루다의 한쪽 날개만을 단순화시켜 도식한 것을 라르(lar), 양 날개가 모두 있는 것을 미롱(mirong), 그리고 양 날개에 꼬리가 있는 형태를 사왓(sawat)이라고 부른다. 일반적으로 이러한 세 가지 형태 모두를 라르라고 부르기도 한다. 사왓은 성공과 번영의 상징으로 간주된다. 가루다는 왕족의 상징으로서 전통적으로 지배자와 그의 가족들만 사용할 수 있는 금지된 모티프였다.

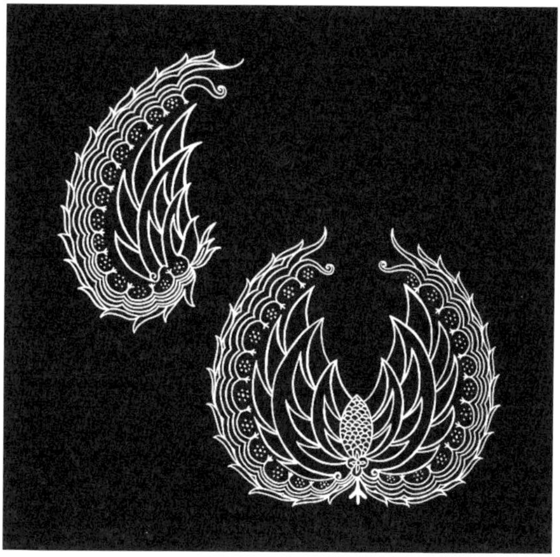
그림 3-9 좌: 라르, 우: 미롱[6]

나가(naga)

가루다가 천상의 세계를 대표하는 동물이라면 나가는 지하세계 혹은 물의 세계를 대표하는 생물체다. 나가는 힌두교 및 불교의 신화에서 뱀의 형체를 한 신비로운 생물체이다.

그림 3-10 사왓

스멘(semen)

앞에서 설명한 것처럼 비기하학적 모티프를 총

칭하여 스멘이라고 부른다. 하지만 스멘이 특정한 모티프를 지칭하는 용어로 사용되기도 한다. 상위 개념의 용어가 하위 개념의 특정 모티프를 지칭하는 것은, 본래 모티프의 이름이 학문적으로 체계화된 것이 아니었을 뿐만 아니라 지역마다, 더 작게는 마을마다 모티프를 칭하는 다양한 이름이 존재했고, 더불어 동일한 이름이 서로 다른 모티프를 지칭하기도 했기 때문이다. 스멘은 자바인들의 우주 질서에 대한 믿음뿐만 아니라 비옥함을 나타내는 다양한 것을 상징하고 있다. 산은 신의 신성한 장소를 나타내고, 사원과 누각은 명상의 장소를 나타내고, 날개는 영적인 세계로 이동하는 수단을 제공하고, 동물은 지구를 의미한다. 새는 천상을, 뱀은 지구와 지하세계를 상징한다.

알라스알라산(alasalasan)

알라스알라산은 처녀림을 의미하고 스멘과 비슷한 구성을 가지고 있다. 산을 배경으로 덩굴손이 여러 갈래로 펼쳐져 있고 다수의 자연 상태의 동물과 신비한 동물이 등장하는데, 스멘보다 앞서 존재했던 것으로 추측된다. 모티프에 등장하는 동·식물군은 알라스알라산이 생산성과 작물의 보호를 장려하고 있음을 보여 준다.

메가믄둥(megamendung)

메가믄둥은 자바의 북부 해안 지역인 치르본(Cirebon)에서 발달했는데 막 비가 오려고 하는 구름이라는 뜻으로 농사를 중시했던 자바에서 비는 생명을 상징했다. 중국의 영향을 받은 메가믄둥은 바틱에서 흔히 발견되지 않는 바림(gradation)을 사용해서 서로 다른 색조가 층을 이루고 있다. 메가믄둥은 치르본을 대표하는 모티프로서 지금도 많은 사랑을 받고 있다. 아주 독특한 모티프를 가지고 있기 때문에 바틱 외 다른 상품이나 장식품에서도 즐겨 애용된다.

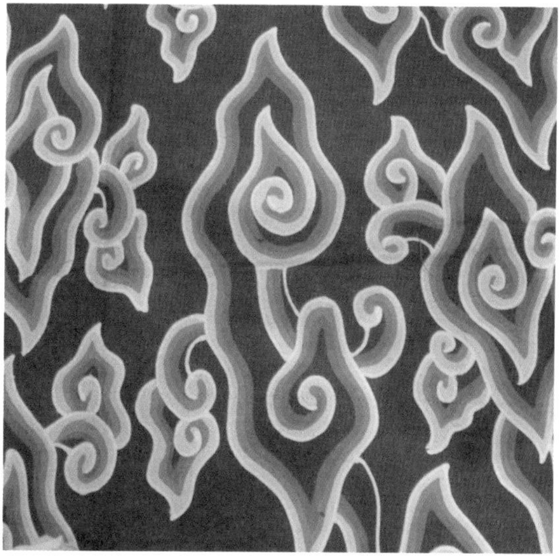

그림 3-11 메가믄둥(megamendung)

3) 모티프에 영향을 준 외래문화

인도네시아 군도는 지정학적으로 문화교류가 끊임없이 발생하는 생동감 넘치는 장이다. 무역과 식민 지배를 통해 외래문화가 전달되는 과정에서 문화 수용, 변용이 활발하게 발생했고, 바틱 역시 예외가 아니었다. 바틱 모티프와 형식에 영향을 미친 외부요소로는 인도와 중국의 문화, 상인들에 의해 전해진 이슬람 종교, 그리고 식민 통치를 행사한 네덜란드와 일본의 영향력 등이 있다. 인도와 중국이라는 두 거대 문명은 인도네시아의 정신문화뿐만 아니라 물질문화에까지 깊숙하게 연관되어 있다. 소(小) 전통문화라고 할 수 있는 인도네시아 토착문화는 제도적인 힘을 가진 인도와 중국의 문화를 수용하면서 대(大) 전통문화로 발전했다. 특히 인도문화는 베트남 북부와 도서부의 일부 지역을 제외하고는 광범위한 분야에 큰 영향력을 미쳤다. 동남아의 '인도화(Indinanization)'라는 표현처럼 동남아시아 지역에서 중국보다 인도의 영향이 더 지배적이었다고 판단된다(조흥국 외, 2007). 하지만 인도의 문화는 수용된 후 '동남아적인 것'으로 그 성격이 변모되었다. 인도가 동남아시아 직물에 미친 큰 영향력 중 하나는 미에 대한 새로운 인식을 발달시킨 것이다. 동남아시아 현지의 직물에 대한 미의 개념과 인도의 것이 혼합되어 새로운 심미감이 발달되었다.

바틱도 인도의 직물로부터 많은 영향을 받았다. 무엇보다 바틱의 원료인 면직물 자체가 인도에서 수입되었을 뿐만 아니라 인도 의상의 모티프가 바틱 모티프의 표본이 되거나 영감의 원천이 되었다. 인도에서 수입해 온 의복의 양식을 현지에서 모방하는 방식으로 바틱이 발전했다. 그 결과 인기 있던 인도의 문양이 자연스럽게 바틱에서 재생되었다. 바틱뿐만 아니라 인도네시아 직물 전반에 큰 영향을 미친 대표적인 인도 의상이 파톨라(patola)다. 파톨라는 주로 인도의 구자라트 지방에서 만들어진 반복적인 꽃 모양이나 기하학적인 문양을 사용하는 더블 실크 이캇(double silk ikat)이다. 자바의 궁궐에서는 신성한 물건을 감쌀 때 파톨라를 사용했고 성대한 결혼식의 필수 의상으로 간주되었다. 파톨라는 디자인의 정교함 때문에 대량생산되지 못했는데 공급이 부족해지면서 바틱이 파톨라를 대체하기 시작했다.

네덜란드의 영향을 받은 '바틱 블란다(batik belanda)'*는 1840년경에 등장했다. 동인도회사 시절부터 대략 350년 동안 인도네시아를 지배한 네덜란드는 바틱에 많은 영향을 미쳤는데 원예 책자에 등장하는 꽃이나 동화에 나오는 등장인물이 바틱 모티프의 소재가 되었다. 기존 전통 바틱을 구성하는 요소는 변형되었고 화려한 꽃과 새로운 모티프가 등장했다. 인도네시아에 거주하던 네덜란드의 하급 관리의 부인이나 미망인들을 중심으로 고급스런 바틱 툴리스가 만들어졌고, 만들어진 옷감에 자신의 이름을 새겨 넣음으로써 기존에 존재하지 않았던 바틱 디자이너의 중요성이 대두되기 시작했다. 대표적인 인물로 프란크에몬트(C. J. von Franquemont)와 자위렌(E. C. van Zuylen) 등이 있다. 프란크에몬트의 바틱은 가운데 부분을 동화에 등장하는 인물과 반복되는 사물로 장식하는 것으로 유명하다.

바틱 블란다에 영향을 받은 '바틱 치나(batik cina)'라고 불리는 중국식 바틱은 바틱 블란다보다 몇십 년 뒤에 등장했다. 중국인들은 인도네시아에서 땅을 소유하는 것이 허락되지 않았기 때문에 주로 상업에 종사했고 네덜란드인과 현지인의 중간자 역할을 했다. 중국 본토에서 이주한 중국인들은 한동안 본국의 신앙, 관습, 전통을 고수했지만 시간이 흐름에 따라 현지문화에 동화되기 시작했다. 이들은 자연스럽게

* 블란다(Belanda)는 네덜란드를 지칭하는 인도네시아어이다. 바틱 블란다는 약 1840년경에 등장해서 1940년까지 지속되었다.

바틱을 착용하는 문화를 받아들이면서도 바틱에 중국적인 색채를 반영하기 시작했다. 초기에는 주로 종교 의식에 사용하는 장식용 바틱을 만들었지만 시장의 흐름을 읽는 데 민첩한 중국인들은 당시 인기가 있던 바틱 블란다를 모방하고 전통 바틱에 중국적인 색채를 혼합하면서 판매의 범위를 넓혀 나갔다. 특히 북부 해안에서 이들의 활동이 두드러졌는데 전통에 얽매이지 않고 상업적인 목적으로 바틱을 생산했기 때문에 기존의 형식에 비해 다채롭고 자유로운 디자인을 추구할 수 있었다. 중국인들은 바틱에 중국적인 요소를 가미하는 정도에 머무르지 않고 바틱에 사용되는 원료를 제공하는 판매상, 중간상인, 바틱을 만드는 노동자, 그리고 구매자까지 그 영역을 확장하면서 바틱 상업화에 주도적인 역할을 담당했다. 1890년대에는 직물 수입을 장악하기 시작했고 곧이어 바틱 산업을 지배하게 되었다. 따라서 자연스럽게 중국적인 요소가 바틱 모티프에 스며들기 시작했다.

바틱에 큰 영향을 미친 중국적인 요소는 다음과 같다. 먼저 착용자의 연령과 바틱의 색상을 연관시키는 관행*이 생겨났고, 바틱으로 만든 톡위(tok wi)**가 등장했다. 또한 중국 도자기 무늬, 불사조, 거북, 지네, 만자문(卍字紋)***, 장수와 복 그리고 뛰어난 후손을 상징하는 중국

* 연분홍색과 파란색은 젊은 여성, 파란색과 붉은색은 중년 여성, 흰색 바탕에 파란색, 갈색, 연두색의 혼합은 노인이 착용했다. 가장이 죽은 경우, 부인과 자녀들은 흰색과 파란색으로 된 사롱을 추모의 뜻에서 2년 동안 입었다.

** 자바의 북부 해안에 정착한 페라나칸들은 그들의 집안에 제단을 만들었는데, 톡위는 이 제단에 사용되었던 천을 지칭한다.

*** 스와스티카(swastika)라고도 불리는 만자문은 인도네시아어로 반지(banji)다. 반지는 인도와 중국의

전설속의 동물인 기린(麒麟), 모란과 연꽃 등이 모티프로 사용되었고 붉은 계통의 밝고 화려한 색상이 선호되었다. 자연을 형상화시킨 모티프 중에서 중국의 영향을 받은 대표적인 모티프로 메가믄둥과 와다스(wadas)가 있다.

2. 의상으로서의 바틱

바틱 기법으로 만들어진 옷감은 다양한 용도로 사용되었는데, 과거에는 주로 예식과 제례에 사용되었고 일부 상류층에 의해 의복으로 착용되었다. 일반적인 통념과 달리 지금과 같은 정교한 바틱으로 의복을 만든 것은 근대가 되어서야 가능했다. 과거 자바인들은 매우 단순한 형태의 바틱을 착용했다. 전문가에 따르면 직사각형의 바틱을 몸에 두르는 방법이 20가지에 달한다고 한다. 장식을 지닌 직물은 대부분 통과의례 및 예식에 사용되었고 일부 상류층만이 우아한 형태의 의복을 착용할 수 있었다. 평민이 바틱을 일상복으로 착용한 것은 19세기 후반에 들어서야 가능했다. 일상복으로 착용되고 나서는 바틱이 삶에서 매우 중요한 의복이 되었고, 특히 여성들로부터 많은 사랑을

문화 모두에서 발견되지만 반지라는 용어는 중국어 십과 천이라는 뜻의 단어에서 유래되었다.

받았다.

카인 판장(kain panjang)

카인 판장을 줄여서 카인으로 부르기도 하는데, 단어를 문자 그대로 해석하면 긴(panjang) 천(kain)이라는 뜻이다. 착용했을 때 허리에서 발목까지 내려오는 길이의 직사각(세로 107cm, 가로 250cm) 형태의 천이다. 폭은 사룽과 유사하지만 길이가 더 길다. 남녀 모두가 입고 사룽보다 더 격식이 있는 의상으로 간주된다. 여성이 착용할 때는 왼쪽에서 오른쪽으로 두르고(시계 방향), 남성은 그 반대로(반시계 방향) 착용한다. 흘러내리지 않게 하기 위해서 허리 부분을 스타겐(setagen)이라고 불리는 벨트로 묶기도 한다.

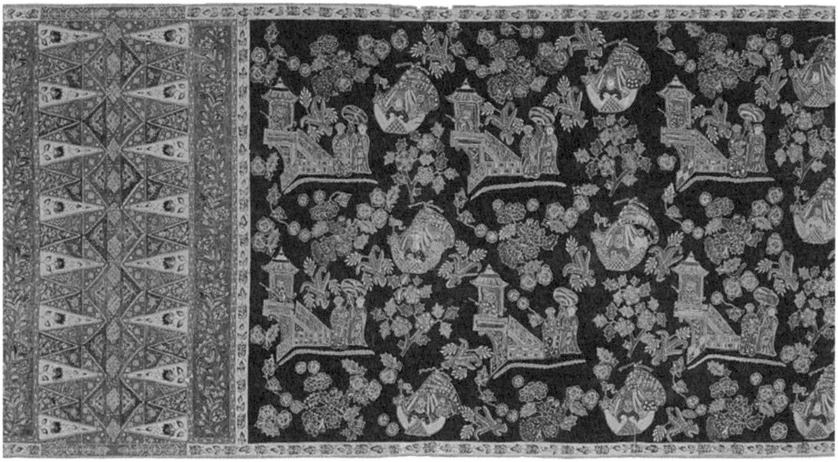

그림 3-12 카인 판장(kain panjang)[7]

그림 3-13 사롱(sarong)

사롱(sarong)

사롱은 카인 판장과 함께 가장 대표적인 의상으로서 직사각형 형태의 일반적인 전통의상과 달리 양 끝부분이 꿰매져 있다. 허리에서 발목까지를 두르는 치마 모양으로서 크기가 대략 가로 225cm에 세로 107cm이다. 1860년 노예제도가 폐지되기 전까지 카인 판장 착용이 허락되지 않은 여성 노예는 오직 사롱만 착용해야 했다(Heringa, 1996). 전통적으로 여성들만 사롱을 착용했지만 현재는 남성들도 집안에서나 사원에 갈 때 편하게 착용하기도 한다. 사롱은 일반적으로 몸통 부분인 바단(badan)과 머리 부분인 크팔라(kepala)로 구분된다. 크팔라는 툼팔(tumpal)이라고 불리는 수직으로 놓여 있는 여러 개의 이등변삼각형 모양의 모티프와 몸통과 크팔라를 구분하는 파판(papan)이라고 불리는 두 겹의 테두리로 된 가늘고 긴 직사각형으로 구성된다.

일반적으로 가장 많이 착용되는 카인 판장과 사롱을 기준으로, 의상으로서의 바틱의 특징을 살펴보면 바틱은 크게 바단(몸통)과 바단을 둘러싸고 있는 테두리인 핑기르(pinggir)로 구성된다. 직사각형의 양 끝 부분에는 크팔라(머리)가 있다. 크팔라에는 툼팔이라고 불리는 여러 개의 이등변삼각형 모양의 모티프가 수직으로 놓여 있다. 그리고 그 옆에 파판이라고 불리는 두 겹의 테두리로 된 가늘고 긴 직사각형이 바단과 크팔라의 경계를 이룬다. 세렛(seret)은 장식이 없는 바틱의 끝단을 지칭한다.

파기소레(pagi-sore)

'pagi-sore'는 인도네시아어로 아침-오후라는 뜻으로 서로 다른 문양을 사용하거나 색상을 사용하여 직물을 두 부분으로 구분한다. 이는 한 벌의 옷을 마치 두 벌처럼 착용할 수 있는 장점이 있다. 예를 들어 낮에는 어두운 무늬를 전면으로 착용하고 저녁에는 밝은 면이 앞을 향하도록 착용할 수 있다. 길이가 카인 판장보다 약간 더 길고 대각선 혹은 직선을 기준으로 두 부분으로 나눌 수 있다. 파기소레는 일제식민 시대 일본의 영향을 받은 자와 호코카이(Djawa Hokokai) 바틱에서 즐겨 사용되었다.

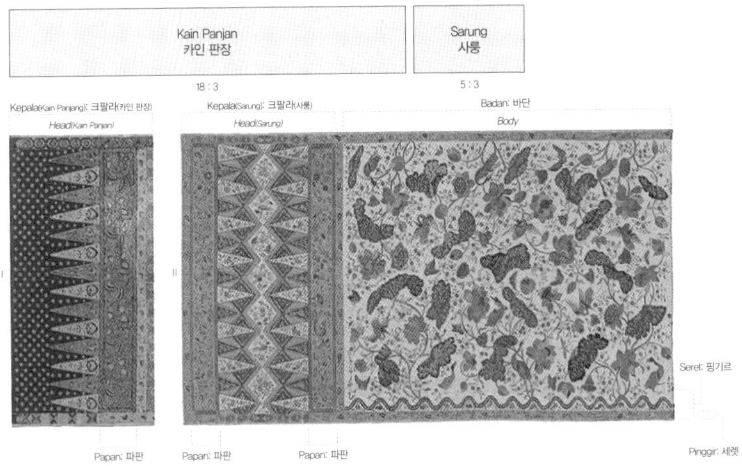

그림 3-14 바틱의 구조[8]

자와 호코카이(Djawa Hokokai) 바틱

일본의 식민 지배는 삼 년 반에 불과하지만 인도네시아에 미친 영향력은 결코 적지 않으며 지금까지도 일본이 경제적으로 상당한 지배력을 행사하고 있다. 삼 년 반 동안의 일본 지배를 거치면서 '자와 호코카이(Djawa Hokokai)'라는 시대상을 잘 반영한 독특한 바틱이 등장했다. '호코카이'는 일본의 관리감독 하에 수카르노가 의장직을 맡고 있었던 푸트라(PUTERA: pusat tenaga rakjat — centre of the people's power)라는 조직이 자국의 이익을 반영하기보다는 인도네시아의 이익을 더 추구하고 있다는 것을 파악한 일본 식민정부가 푸트라를 대신하여 만든 조직의 이름이다. 'PUTERA'는 위에서 기술한 것처럼 'pusat tenaga rakjat'의 약어이지만 또 다른 의미를 가지고 있다. 'putera'는 인도네시아어로 '자녀' 혹은 '아들'을 의미한다. 수카르노는 이와 같은 이중적인 의미를 가진 단어를 조직 이름으로 사용함으로써 인도네시아인들로 하여금 'PUTERA'가 일본에 헌신하기 위해 조직된 기관이지만 다른 한편으로는 인도네시아를 위한 것이라는 것을 암시하려고 했다. 호코카이의 주목적은 전쟁에 필요한 자원을 동원하고 '대동아공영권(大東亜共栄圏)'을 선전하는 것이었다. 1942년 일본의 침략과 함께 자바의 바틱 산업은 황금기가 끝나고 대부분 문을 닫아야 하는 상황에 이르게 되었다. 품질이 우수한 네덜란드 면화 수입은 중단되고, 많은 바틱 공장은 폐쇄되고, 도구들은 몰수당했다. 그러나 아이러니컬하게도 이 시기에 가장 정교하고 화려한 자와 호코카이가 만들어졌다. 자와 호코카이는 전쟁 때문에 면화가 귀해지면서 옷감에 더 정교한 장식을 사용했을 뿐만 아니라 일본의 영향을 받아 국화와 벚꽃 같은 화려한 무늬를 사용했다.

도돗(Dodot)

평균적인 카인 판장보다 네 배 정도 크고 주로 공식적인 예식에서 왕족, 귀족, 궁중의 무희들이 착용하는 고급 의상이다. 원칙적으로 일반인의 착용이 금지되지만 예외로 결혼예식에서 신랑과 신부가 착용하는 것은 허용된다. 이는 쉽게 유추할 수 있는 것처럼 결혼식 날에는 신랑과 신부가 왕과 왕비로 간주된다. 보통 남성은 무릎 길이 정도로 내려오도록 바지 위에다 착용하고, 여성의 경우 어깨 끈이 없는 긴 드레스처럼 가슴 부분까지 올려서 착용한다. 예컨대 도돗의 한 종류인 도돗 아긍(dodot ageng)은 우주와 다산의 의미를 함축하고 있다. 이 옷

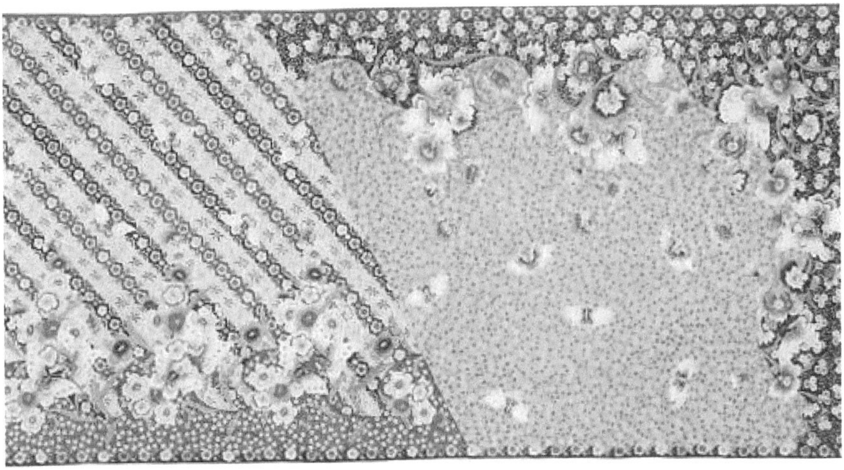

그림 3-15 자와 호코카이(Djawa Hokokai)[9]

그림 3-16 도돗을 착용한 신랑 신부[10]

은 신랑과 신부의 몸을 여러 겹으로 둘러싸는 형식으로 착용되는데, 이는 신랑과 신부의 몸을 우주의 중심으로 만들면서 동시에 다산을 축복하는 의미가 있다(Achjadi, 1989).

슬렌당(selendang)

여자들만 사용하는 가늘고 긴 천으로 다양한 용도로 사용된다. 주로 어깨에 두르는 숄(shawl)로 사용되지만, 머리에 착용되기도 한다. 또한 슬렌당을 사용해서 아기를 감싸 안기도 하고 물건을 소지하기도 한다. 아기를 안거나 물건을 담는 용도로 사용되는 경우 '겐동안(gendongan)'이라는 다른 이름으로 불리기도 한다. 인도네시아어로 'gendong'은 '등 혹은 옆구리에 져 나르다, 업다' 등의 뜻으로 사용된다.

이캇 크팔라(ikat kepala)

공식적인 행사에서 남성들이 머리에 착용하는 정사각형의 천으로서, 가로, 세로가 약 85cm 정도의 크기다. 머리에 묶는 다양한 방법이 있는데 묶는 방법과 모양에 따라서 착용자의 신분이나 출신을 알 수 있다.

큼벤(kemben)

가슴에 두르는 천으로서 크바야(kebaya)라고 불리는 블라우스 대신 입거나 블라우스 속에 입기도 한다. 폭이 약 60-70cm, 너비가 약 200cm로 가늘고 긴 직사각형 모양이다. 중앙 부분이 길게 늘어진 마름모 혹은 타원으로 장식되는 경우가 많다.

그림 3-17 슬렌당(selendang)

그림 3-18 이캇 크팔라를 착용하고 마을 행사에 참여한 어린이

3. 자바인의 삶과 바틱

찬팅을 사용해서 모티프를 그리는 바틱에는 예술적인 측면과 교육적인 측면이 있다. 궁중에 거주했던 젊은 여성들은 정확성과 인내심이 요구되는 바틱을 만들면서 모티프의 의미와 모티프 안에 녹아 있는 철학적, 심미적 가치를 알게 되었다. 바틱의 예술적인 속성을 이해하기 위해서는 동남아에서의 예술 개념이 일반적으로 서구적 맥락에서 이해되는 예술 개념과 차이가 있음을 이해해야 한다. 서양에서 통용되는 예술 개념은 일상적인 삶과 분리되어 실용적 기능을 지니지 않은 물질적 대상과 연관된다. 하지만 동남아에서 예술 개념은 그 범주가 더 넓을 뿐만 아니라 매우 모호하다. 서구에서 구분되어 인식되는 순수예술과 대중예술의 개념이 동남아에서는 혼재되어 나타나고 예술과 일상생활이 분리되지 않는 경우가 다반사다. 예술작품이 심미적인 가치로 평가되어 왔지만 기본적으로 작품의 역할은 기능적인 것이다. 이러한 기능적인 역할에는 비물질적인 세계까지도 포함된다(컬로그, 2012).

자바인들은 바틱이라는 매체를 통해 자신들의 자연환경과 삶, 그리고 정신세계를 표현한다. 바틱을 예술적으로 승화시킨 크라톤*에서는 바틱을 만드는 직업을 가장 높은 수준의 예술행위로 간주했다. 바

* 크라톤(keraton)은 자바어(Javanese)로 궁궐을 의미한다. 'ka-ratu-an'이라는 단어에서 유래되었는데 이는 지배자를 지칭하던 'ratu'가 머무는 곳이라는 뜻이다.

틱은 자바어(Javanese)의 '알루스(alus)'에 해당되는 예술이다. 자바의 예술을 논할 때 중요하게 사용되는 개념이 'alus'인데, 'alus'는 여러 가지 복합적인 의미를 포함하는 단어로서 자바의 문화에 깊이 뿌리를 두고 있다. 기어츠는 'alus'에 대해 다음과 같이 정의한다.

> 알루스는 순수하고, 세련되고, 교양 있고, 공손하고, 우아하고, 정교하고, 섬세하고, 문명화되고, 부드러운 것을 의미한다. 품위 있는 자바어를 완벽하게 구사하는 사람은 품위 있는 자바어 자체가 알루스인 것처럼 알루스다. 정교하고 섬세한 디자인이 그려진 옷이 알루스다. 우아하게 연주되는 음악 혹은 아름답게 절제된 춤 동작이 알루스다. … 모든 보이지 않는 영혼이 알루스인 것처럼 신은 물론 알루스다. 그리고 그의 신비로운 경험 또한 그러하다. 인간이 존재의 궁극적인 구조를 감정적으로 이해하는 한 인간의 영혼과 인격은 알루스다. 그리고 인간의 행동과 행위가 궁궐에서 생겨난 복잡하고 섬세한 예절에 의해 통제되면 그것들은 알루스다(Geertz, 1960).

인도네시아 상류 계층을 지칭하는 프리야이(priyayi)는 문화생활에 주도적인 역할을 했는데 이들이 행했던 여섯 가지 고급예술이 있다. 여섯 가지 예술은 전통악기를 사용하는 현대의 오케스트라와 유사한 가믈란(gamelan), 전통무용(joged), 그림자극(wayang), 연극(lakon), 시(tembang), 그리고 바틱이다. 이러한 고급예술이 알루스라고 일컬어진다. 이와 같은 예술 활동에 참여하기 전에는 먼저 명상, 단식, 절제된 삶을 통해 마음을 비워야 했다. 바틱 디자이너 하르조나고로는 바틱에 대해 다음과 같이 설명한다.

> 바틱은 명상을 위한 도구였고 인간 내면에 숭고함을 부여하는 과정이었다. 자바 공동체라는 사회적 직물 안에서 진정으로 깨달은 존재는 왕비에서부터 평민까지 모두 바틱을 만들었다. … 과거에는 바틱에 어떠한 상업적인 목적이 있다는 것은 거의 생각할 수 없는 것이었다. 사람들은 가족을 위해서 그리고 전능한 신에 대한 헌신과 신을 알고 영적으로 더 다가가기 위한 인간의 노력과 같은 의례의 목적으로 바틱을 만들었다(Elliot, 2004).

자바의 예술들은 상호 깊은 연관성을 갖는데 가믈란 음악을 들으며 바틱을 만들기도 하고, 바틱을 입은 전통무용수가 가믈란 음악에 맞춰 춤을 추기도 한다. 그림자극에 바틱을 착용한 캐릭터가 등장하고 가믈란 음악이 사용된다. 자바의 서로 다른 예술 분야에서 하나의 용어를 공유하는 경우도 있다. 전통 춤에서 '우클(ukel)'은 무희들이 손을 둥글게 만드는 동작을 지칭하는데 바틱에서 '우클'은 둥글게 말린 곡선을 가리킨다. 또한 가믈란 음악의 멜로디에서도 피상 발리(pisang bali), 우단 릴리스(udan liris), 판드 로리(pande lori), 리마르(limar), 스리카톤(srikaton) 같은 바틱 모티프와 공통된 이름이 발견된다. 또한 바틱 모티프로 와양 그림자극의 등장인물이 자주 사용되었는데 가정에서 바틱을 만들었던 여인들은 장터에서 구멍이 뚫린 가죽으로 된 기본형을 사서 그 형을 하얀 천 위에 올리고 숯가루를 뿌리는 방식으로 밑그림을 그렸다. 그런데 그 가죽으로 된 형틀은 주로 그림자 연극에서 인형을 조작하는 달랑(dalang)*에 의해 만들어졌다.

바틱은 자바인의 중요한 통과의례에 항상 등장한다. 자바인들은 아기가 태어날 때 바틱을 포개어 만든 패드로 아기를 받고, 아기가 자라서 걸을 수 있을 때까지 슬렌당(selendang)의 한 종류인 겐동안(gendongan)에 아기를 싸서 옆으로 메고 다닌다. 결혼식과 같은 중요한 예식의 예복 혹은 예단으로 사용되기도 하고 인생의 마지막인 장례식에서도 바틱이 사용된다. 자연스레 자바인들은 바틱과 분리될 수 없는 삶을 살아왔다. 농민들이 사용하는 용어가 바틱에서 그대로 사용되는 경우도 있다. 바틱의 가운데 부분을 지칭하는 바단(badan)은 논, 바틱의 가장자리를 의미하는 핑기르(pinggir)는 논을 둘러싸고 있는 흙으로 된 둑을 지칭하는 데 사용되기도 한다. 바틱의 양쪽 끝부분을 장식하는 툼팔(tumpal)은 우뚝 솟은 산이나 논을 둘러싸고 있는 나무를 지칭하는 것으로 해석된다(Veldhuisen, 1993).

중요한 의식에서 바틱이 사용된 구체적인 사례를 살펴보면, 임신한 여성이 임신 7개월째에 꽃잎과 일곱 가지의 다른 향을 섞은 물에

* 와양(wayang) 그림자 연극에서 등장인물을 조작하는 사람으로서 마치 무성영화의 변사처럼 이야기 전개와 모든 등장인물들의 목소리를 혼자서 담당하는 공연자다.

일곱 번 목욕을 하는 미토니(mitoni)*라는 의식이 있다. 미토니는 한편으로는 태어날 아기와 예비 산모에 대한 축복, 순산, 그리고 신에 대한 신앙심을 보여 주고 다른 한편으로는 출산에 대한 위험성을 강조하는 이중적인 의미가 있다(Koentjaraningrat, 1989; Ridlo Aryanto, 2001). 이 예식에서 여성은 목욕 후 매번 다른 모티프의 바틱을 착용하고 일곱 번째는 바틱이 아닌 직조한 루릭(lurik)을 입는다(Jakarta Post 2009/02/15).** 막 태어난 아기를 할머니가 착용하던 오래된 바틱 위에 올려놓는 의식인 크라히란(kelahiran) 때는 시도 아디(sido adih)라는 모티프를 사용한다. 그 의미는 할머니처럼 장수하기를 기원하는 것이다. 아기의 태반을 제물과 함께 땅에 묻는 의식인 아리아리(ari-ari)에서 아버지는 신분에 따라 파랑 루삭(parang rusak: 귀족)과 시도 물요(sido mulyo: 평민)*** 모티프가 있는 바틱을 착용한다. 여성의 첫 생리(tarapan) 때는 행복과 번영을 의미하는 그롬폴(grompol), 소년이 열한 살 되는 해에 행해지는 할례(sunatan)에는 파랑 파모르(parang pamor) 모티프가 있는 바틱을 각각 착용한다. 예비 신부가 청혼받는 라마란(lamaran)에서 신랑 부모는 계층에 따라서 파랑(parang), 스멘(semen), 츠플록(ceplok) 모티프가 있는 바틱을 착용한다. 결혼 하루 전 목욕의식인 시라만(siraman)에서는 신부 부모가

* 자바인들은 임신 7개월째 태아의 영혼이 생긴다고 믿는다(Ridlo Aryanto, 2001).

** 목욕 후 착용하는 바틱 모티프의 순서는 다음과 같다. ① 시도 묵티(sido mukti), ② 바본 앙렘(babon angrem), ③ 와휴 투무룬(wahyu tumurun), ④ 노고사리(nogosari), ⑤ 우단 릴리스(udan liris), ⑥ 스멘 라마(semen rama).

*** 바틱 모티프 이름에 자주 등장하는 'sido'는 '연속적', 'mulyo'는 영광스러운, 'mukti'는 번창하는 혹은 행복한 삶을 의미한다.

니틱 차카르(nitik cakar)를 착용하는데 이는 신부가 잘 독립할 수 있기를 기원하는 것을 의미한다(Djoemena, 1990). 이 예식은 미토니와 유사한데 주로 집 뒷마당에서 신부의 여성 친척, 신부 어머니의 친구, 신부 자신의 친구들이 모두 지켜보는 가운데 슬하에 자녀를 많이 둔 노년의 여성에 의해 진행된다(Koentjaraningrat, 1989). 목욕이 완료되면 신부는 그롬폴과 나가사리(nagasari) 모티프가 있는 바틱을 착용한다.**** 혼인을 확정하는 자리(akad nikah)에서는 예비 신랑, 신부는 시도 물요(sido mulyo)를 착용하고, 혼인예식 때 신부 부모는 부부가 헤어지지 않고 영원히 살기를 기원하는 뜻에서 트룬툼 모티프가 있는 바틱을 착용한다. 트룬툼을 착용하는 것은 앞으로 굴곡 많은 인생을 살아갈 젊은 신랑과 신부에게 부모들이 안내자 역할을 한다는 뜻으로 해석된다(Djoemena, 1990). 장례식(kematian)에서 시신은 바틱을 만드는 데 사용되는 흰색 천인 모리(mori)에 둘러싸이고 관은 카웅 모티프로 덮인다.

금지된 모티프에서도 자바인들이 가지고 있는 바틱의 가치와 의미를 발견할 수 있다. 중부 자바의 바틱 모티프 중에는 술탄이나 귀족을 위해 일반인들의 착용을 금하는 '금지된 모티프(motif larangan)'가 존재한다. 북부 해안 지역에서는 이러한 금지된 모티프에 대해 많은 사람들이 인지하지 못했지만 중부 자바의 궁중에서는 엄격하게 적용되었다. 궁중에서 만들어진 바틱이 점점 인기를 얻고 일반 백성에게도

**** 자바의 전통 혼인식에서는 종교적인 예식이 행해진 후 이어지는 중요 예식에 신랑 측 부모는 참석하지 않는다.

궁중의 바틱 기술이 전파되자 수라카르타와 족자카르타 지역의 술탄들은 18세기 때 특정한 패턴에 대해 평민들이 착용하지 못하도록 법령을 제정했다. 금지된 모티프로 잘 알려진 것으로 카웅, 파랑(parang), 츠므키란(cemukiran), 사왓(sawat), 우단 릴리스, 스멘, 알라스알라산 등이 있다. 이러한 모티프들은 인도네시아의 전통 단검인 크리스의 손잡이에 새겨진 문양과 마찬가지로 영검(靈驗)이 있다고 여겨졌다. 모티프와 연관된 신비로운 힘은 주로 술탄의 권력과 연관되었는데 누군가 같은 모티프를 사용하면 술탄의 권력이 약화된다고 믿었다. 우주의 중심으로 간주된 술탄은 왕국의 안정과 번영을 위해 육체적으로뿐만 아니라 정신적으로도 보호를 받아야 했다(Kerlogue, 2004).

금지된 모티프 중에서도 몇몇 모티프는 술탄이나 왕세자 같은 최상위 계층만을 위해 착용이 제한된다. 수라카르타의 술탄은 1769년, 1784년, 1790년 칙령을 통해 자신과 친인척을 위해 금지된 모티프를 지정했다. 족자카르타의 경우 금지된 모티프를 지정한 연도에 관한 정보가 부재하지만 수라카르타에 비해 더 엄격한 규정을 적용하였다. 이러한 규정을 준수하는 정도는 크라톤과 마을과의 거리가 멀어질수록 약화되었다. 금지된 모티프는 현대에 들어와서 그 영향력을 상실했지만, 아직도 족자카르타의 크라톤 안에서는 준수되고 있다.

한편 바틱을 만드는 작업은 세대에 따라 역할 분담이 이루어졌다. 과거 자바에서는 보통 3대가 한 집에 함께 거주했는데 가장 윗 세대가 옷감을 짜는 일을 담당했다. 옷감에 모티프를 그려 생명을 불어넣는 작업은 가임기의 기혼 여성에게만 한정된 작업이었다. 허드렛일은 젊은 여성이 담당했고, 마지막 절차인 염색은 집안에 전해 내려오는 비법을 전수받은 여성에게 할당되었다. 몇몇 지역은 바틱 염색의 특정 색상에 특화된 전문성이 있다고 간주되었기 때문에 바틱 생산의 지역적 분업도 널리 성행했다. 한 지역에서는 특정색만 염색하고 다른 지역에서 다른 색의 염색을 완성하는 방식의 지역적 분업이 이루어졌다. 이런 방식으로 만들어진 바틱을 '두아 느그리(dua negeri)' 혹은 '티가 느그리(tiga negeri)'라고 부른다. 두 지역의 작업을 통해 만들어진 바틱을 '두아 느그리(dua negeri)', 세 지역을 '티가 느그리(tiga negeri)'라고 한다.* 예컨대 19세기 중국의 영향을 많이 받은 라슴(Lasem) 지역은 밝은 붉은색 바틱으로 유명하다. 라슴에서 1차적인 붉은색 염색이 이루어지고 난 후 다른 지역

그림 3-19 금지된 모티프-파랑 가루다(parang garuda)

* 인도네시아어로 'negeri'는 '나라'를 의미하고 '두아'는 숫자 2를 '티가'는 3을 의미한다.

으로 보내져 나머지 부분이 염색되는 방식으로 만들어진 바틱이 '두아 느그리'이다.

바틱의 상업화는 여성 중심의 연령에 따른 분업에서 성(性)과 숙련도에 따른 분업으로의 전환을 가져왔다. 기본 천을 준비하는 작업은 남성들의 몫이 되었고, 섬세함과 인내력을 요구하는 모티프를 그리는 작업은 여전히 여성들의 몫이었다. 하지만 이제는 더 이상 일의 역할이 연령에 따라 할당되는 것이 아니라 작업의 숙련도에 따라서 기술이 있는 여성이 제일 섬세한 부분을, 다음으로 숙련된 여성이 작은 모티프를, 미숙련자는 염색에 노출되지 않는 부분을 담당하는 것으로 바뀌었다. 하지만 염색과 찹을 사용하는 것은 남성의 작업이 되었다. 바틱의 산업화는 바틱 디자인에 큰 영향을 미쳤는데 과거 가족을 위해 바틱을 만들었을 때는 모티프에 변화가 거의 없었다. 하지만 산업화의 가속화에 따라 바틱 모티프도 변하게 되었다. 전통적으로 바틱 작업은 농한기에 이루어지는 계절적인 작업이었는데 바틱이 상업화되고 수요가 급증함에 따라, 바틱을 만드는 것을 전업으로 삼는 노동자들이 생겨났고 더불어 생산을 촉진하기 위해 선대 제도가 도입되었다.

4. 자바인의 정신 세계와 바틱

인도의 우주관이 동남아 전역에 큰 영향을 미쳤는데 그중 바틱을 포함한 직물에 잘 나타나는 것이 우주적 이원론이다. 이원론에 따르면 우주는 상위 세계와 하위 세계로 나뉘고 각각의 세계를 대표하는 동물군이 존재한다. 인간이 사는 인간계는 상위 세계와 하위 세계의 중간에 위치한다. 우주를 세 가지 부분으로 인식하는 우주론적 신앙 체계는 동남아의 전통적인 문화에서 자주 반복된다. 인간이 거주하는 인간계뿐만 아니라 지하 세계와 심해, 그리고 천상의 세계에도 수많은 정령이 존재하는데, 이들은 선하거나 악한 존재들로서 인간의 삶을 통제할 수 있다. 마을 주민들은 봉헌물을 준비함으로써 화난 정령들을 위무하거나, 반대로 불운과 재난을 미연에 방지하기 위해 정령들에게 도움을 호소하기도 한다. 상위 세계를 대표하는 동물로는 앞서 말한 가루다가 있고, 하위 세계를 대표하는 동물은 파충류 나가(naga)가 있다. 가루다는 힌두신화에 나오는 비슈누의 운송 수단이며, 나가는 신비로운 뱀의 모습을 띠고 있고 지하 세계와 물을 대표한다. 이러한 영적인 세계는 직물에서 색상으로 표현되기도 한다. 신, 조상과 연관되는 상위 세계는 흰색, 그리고 지하 생물, 악령과 연관된 하위 세계는 검은색, 인간의 세계인 현실 세계는 빨간색으로 각각 표현된다.

두 세계의 중간에 위치한 인간은 영적으로 아주 취약해지는 순간

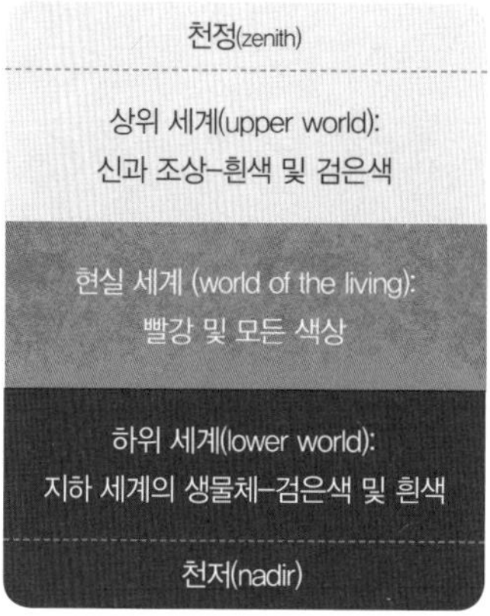

표 3–2 자바인들의 우주적 이원론[11]

을 경험하게 된다. 이러한 순간은 대체적으로 통과의례를 치르는 때인데 출생, 유아가 처음으로 머리를 깎는 것, 앞니를 가는 행위, 할례, 결혼, 사망 등이다. 자바인들은 위기의 순간에 놓인 가족에게 선물을 주는 행위가 선물을 받는 이의 영적인 힘을 강화시켜 준다고 믿는다(Gillow, 1992; Taylor, 2009). 남자 측의 선물은 주로 돈, 무기, 동물 등이고 여자 측의 선물은 직물이다. 자바인들의 세계관에서 직물은 영의 세계와 인간의 세계를 조화시키는 데 중요한 역할을 담당한다. 또한 자바인들은 신에게 제물을 바쳐 영을 달래거나 중재할 때도 직물을 사용한다. 족자카르타의 크라톤에서는 남쪽 바다(pantai parangtritis)의 여신인 라투 키둘(Ratu Kidul)을 달래기 위해 매년 직물을 포함한 제물을 바친다. 라부한(labuhan)이라고 불리는 이 예식은 초록색을 좋아하는 라투 키둘이 초록색 옷을 입은 사람을 바다로 잡아간다는 믿음에서 생겨났는데, 진노한 영을 달래기 위해 초록색 옷과 흰색을 혼합한 직물을 제물로 바친다(Kerlogue, 2004).

색상에 대한 자바인들의 세계관은 직물에 많은 영향을 주었다. 그들은 색을 크게 네 가지 —흰색(putih), 빨간색(abang), 노란색(kuning), 짙은 파란색(ireng)— 범주로 구분한다. 네 가지 색상에 내포된 상징성은 방향과 인간의 생애주기와 밀접하게 연관된다. 농사를 주업으로 삼았던 자바인들은 태양의 움직임 즉 방향에 큰 의미가 있다고 믿었다. 각각의 색상은 시계 방향으로 이동하면서 인생의 생애주기와 결부된다. 흰색으로 표현되는 동쪽은 인생의 시작인 출생을 의미한다. 사춘기를 지나 남쪽의 붉은색은 생산이 가능한 시기이자 인생의 정점을 상징한다. 남쪽을 지나면 인생의 성숙기를 의미하는 서쪽의 노란색이 나타난다. 노란색이 점점 옅은 초록색으로 바뀌면서 삶은 노년기에 다다르고 마지막으로 인생의 종착역인 북쪽의 짙은 파란색에 이른다. 북쪽과 동쪽 사이의 회색빛의 푸른색은 윤회사상을 나타내는 것으로 눈에 보이지 않는 죽음과 재탄생의 기간을 의미한다(Heringa, 1989; Beek, 1990).

다음 그림처럼 동서남북은 인생의 여정(젊음-성숙-노년기-죽음)을 상징한다. 인생은 시작점인 동쪽에서 하얀색으로 시작된다. 앞서 말했듯이 자바인들은 임신 7개월 때 아기의 영혼이 생기고 아기가 실제로 존재한다고 믿었다. 이때 산모는 아기를 보호하기 위해 5m 길이의 붕쿵(bengkung)이라고 불리는 흰색 천을 배에다 두른다. 소녀가 자라서 사춘기를 맞이하고 결혼할 나이가 되면 흰색 바탕

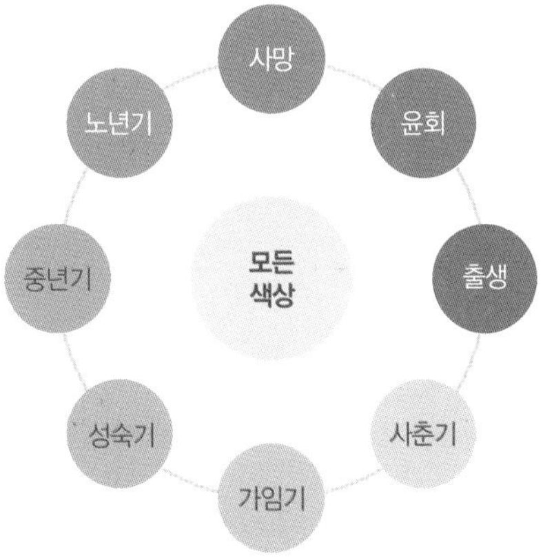

그림 3-20 방향에 대한 자바인들의 세계관[12]

에 다홍색 방로드의 옷을 입게 되고 결혼 후에는 신랑 측으로부터 받은 비론이라고 불리는 푸른색 계통의 옷을 착용한다. 여성이 어머니가 되면 남편과 아내의 연합을 상징하는 푸른색과 붉은색이 혼합되어 만들어진 검은색 계통의 피피탄을 착용한다. 여성이 더 이상 임신할 수 없는 폐경기에 이르면 검은색과 연한 황갈색의 이릉안(irengan)을 착용한다(Heringa, 1989). 하지만 실제 착용되는 바틱의 색상과 전술한 인생의 과정별 색상이 일치하지 않는 경우가 있다. 그렇지만 염색하는 과정에서 실제 바틱에서 나타나지 않은 노란색을 포함한 인생의 단계와 각각의 방향과 연관된 색상이 만들어진다(Kerlogue, 2004). 흰색 천인 붕쿵을 제외하고 위에서 언급된 직물을 정리하면 다음과 같다.

방로드(bangrod): 다홍색상의 옷감으로서, 주로 결혼이 가능한 연령층의 젊은 여성들이 어깨에 두르는 용도로 착용한다. 다홍색은 여성의 생리혈을 의미하는데, 이는 다산과 생산을 상징한다. 'bangrod'라는 단어는 '붉은 빛을 띤'을 의미하는 'diabang'과 '제거된', '벗겨진'이라는 뜻의 'dilorod'가 합쳐진 단어다. 이는 천은 염색되고 왁스는 제거되었다는 것을 의미한다.

푸티한(putihan): 흰색 바탕에 하늘색 혹은 검은색 모티프가 있는 옷감으로서 방로드와 마찬가지로 어깨에 두르는 용도로 착용된다. 꽃과 하늘 및 땅의 생물체가 혼합된 형태의 모티프가 즐겨 사용된다. 'putihan'이라는 단어의 의미는 '희게 하다', '희게 된'이라는 뜻인데, 이는 병마와 악한 기운으로부터의 보호를 의미한다.

비론(biron): 푸티한과 거의 비슷한 색상이지만 푸티한에 비해 조금 더 어두운 남색을 띠고 주로 치마로 착용된다. 모티프는 덩굴식물로 구성된다.

피피탄(pipitan): 다홍색, 남색, 군청색의 모티프를 가진 직물로서 치마 혹은 어깨에 두르는 용도로 착용된다. 피피탄은 자녀가 있는 중년 여성들이 착용한다. 현대 자바어(Javanese)로 'pipit-tan'은 '함께 뭉치다'라는 의미인데, 이는 부부 간, 부모와 자식 간의 유대를 의미한다. 한편 고어(古語)로 'pita'는 노란색을 의미한다. 따라서 'pipitan'은 '노란색이 감도는', '노란색을 띤'으로 해석된다. 현재 사용되지 않고 있는 후자의 의미는 앞에서 설명한 색상과 생애 주기의 방향 —서쪽— 과 일치한다.

이릉안(irengan): 세 가지의 층으로 염색된 검은색 옷감으로 할머니와 같은 가장 윗 세대가 어깨에 걸치는 용도로 사용한다. 'irengan'은 '검은색' 혹은 '마지막 추수가 끝난 황갈색의 휴경지'를 의미한다.

여섯 번째와 일곱 번째 직물은 예식에 사용되는 푸티한과 이릉안이다. 이는 평상시에 착용되는 일반적인 의상이 아닌 특별한 의식을 위한 예복에 사용되는 옷감이다. 예식에 사용되는 푸티한은 흰색 바탕에 검은색 모티프를 사용하고 이릉안은 이와 정반대로 검은색 바탕에 흰색 모티프를 사용한다.

한편 바틱을 노래한 시에서도 자바인들의 정신 세계를 살펴볼 수 있다. 과거 자바의 여인들은 바틱을 만들기 전 마치 주술처럼 노래를 읊조렸는데 이처럼 노래로 불린 시를 자바어로 술룩(suluk)이라고 한다. 'suluk'이라는 단어는 아랍어 'salaka'에서 왔으며 수피의 길(Sufi way)을 뜻한다(Woro Aryandini Sumaryoto, 1994; Simuh, 1998). 자바 문학에서 술룩은 자바식 이슬람에 관한 가르침을 시로 표현한 것을 지칭한다. 주로 왕궁에서 발전했고 주요한 내용은 자바의 철학, 수피의 가르침, 자바의 문화를 포함한다(Simuh, 1998). 바틱을 노래한 술룩에 사용된 어휘를 살펴보면 자바인들이 생각하는 바틱이 어떤 것인가를 알 수 있다.

바틱과 관련된 자바인의 세계관을 잘 보여 주는 '술룩 프라완 음바틱 투므카 음바바르(Suluk Prawan Mbathik Tumeka Mbabar)*'라는 시를 살펴보면, 이 시는 바틱에 사용되는 도구를 인생에 비유하고 있다. 바틱을 만들 때 천을 올려놓는 나무틀인 가왕안을 넓은 세계로, 바틱을 가왕안 위에서 움직이지 못하도록 고정하기 위해 사용되는 추(bandhul)를 나침반과 같은 마음의 안내서로, 바틱을 녹이는 냄비 모양의 와잔(wajan)을 자신을 다듬고 절제하는 용기(容器)로, 그리고 말람을 진정한 마음으로 비유하고 있다. 또한 바틱을 그리는 찬팅은 쿠란을 기록하는 도구로서 펜 중의 펜으로 간주되고 바틱 패턴은 바틱을 만드는 사람의 안내서로 은유된다. 이 노래는 바틱을 만드는 젊은 여인들에게

* 시의 제목을 번역하면 마지막 손질을 마칠 때까지 바틱을 만드는 여인(suluk of a woman doing batik work until its finishing touch)이다. 자바어(Javanese)로 'prawan'은 결혼하지 않은 '처녀'를 의미하고, 'mbathik'은 바틱을 만드는 것을 의미하는 동사이다. 'tumeka'는 시간적으로 '까지'라는 뜻이고 'mbabar'는 '열다'라는 의미의 자바어이다. 하지만 바틱과 관련해서 tumeka mbabar는 '마지막 손질이 완성될 때까지'라는 의미로 사용된다. 시는 총 14연으로 구성된다.

인생의 진정한 정수가 무엇인지를 가르치는 도덕적인 의미가 담겨 있다(Woro Woro Aryandini Sumaryoto, 1994; Achjadi, 2009). 다음은 필자가 7연과 8연의 상반부를 번역한 것이다.

보름달이 가득 차올랐다.

거기, 여인아 바틱을 만들어라.

가왕안은 넓은 세계요.

반둘은 네 마음의 안내서요.

와잔은 저장소요.

말람은 너의 진정한 마음이다.

란쳉 왁스 초가

너의 감정을 결합해 주는 보석이 되는 동안

찬팅, 펜 중의 펜은 쿠란(Kalamullah)이 되고

네가 그리는 그 패턴은 네 인생의 안내서가 된다.

아흐얀사비타흐(ahyansabitah)는 네가 기억하고 그리는 것

가하룰라흐(kaharullah)는 너의 재

로히드라피(rohidlafi)는 불꽃

나비울라흐(nabiullah)는 연기

흙으로 된 너의 앙로는 출산의 영역

…

두 번째 연에서 아흐얀사비타흐(ahyansabitah)는 모든 생물체에게 일어날 신의 계획을 암시한다. 인간은 이 계획에 대해 배워야 하고 즉시 기록해야 한다(Aryandini, 1994). 앞에서 살펴보았듯이 바틱이라는 단어에는 '쓰다'라는 의미가 내포되어 있다. 한편 신의 계획을 알기 위해서는 마치 타는 불과 같은 열정이 있어야 한다. 이러한 영적인 지식을 추구하는 과정이 이 시에서는 바틱을 만드는 과정으로 치환된다. 즉 말람을 녹이기 위해 불을 피우고 연기가 피어오르는 모습으로 표현하고 있다(Woro Aryandini Sumaryoto, 1994). 위 시에서 살펴본 것처럼 바틱을 만드는 행위는 물리적인 것과 영적인 것이 혼합되어 있다. 또한 자바인들은 바틱을 만드는 행위 속에서 인생의 의미와 신앙의 가르침을 배울 수 있다고 생각했다(Edleson and Damais, 1990).

5. 자바인의 종교 세계와 바틱

인도네시아는 가장 많은 무슬림을 보유하고 있는 세계 최대의 무슬림 국가이다. 하지만 중동 지역의 이슬람과 비교하면 인도네시아의 이슬람은 매우 절충적인 성격을 띤다. 이슬람보다 먼저 전파된 힌두교 및 불교와 현지인들이 가지고 있었던 주술적인 신앙이 복합적으로 어우러져 겉모양은 이슬람적인 모습이지만 그 실상은 정통 이슬람과는 상이한 점이 많다. 이러한 특징은 동남아시아 전반에 걸쳐 발견되는데 그 이유 중 하나는 신비주의적 측면을 강조한 수피(Sufi)즘의 영향으로 추론된다. 수피 설교자들은 왕실에 영향력을 행사했는데 자신들의 관념을 주술, 의례, 그리고 영성과 관련된 문화에 투영시켰다(컬로그, 2012). 이슬람이 어떤 경로를 통해 인도네시아로 전파되었는지는 아직도 빈약한 역사적 증거물을 토대로 추측하는 수준에 머물러 있다. 하지만 몇 가지 분명한 것은 이슬람이 무역네트워크를 통해 인도네시아 군도 서쪽에서 동쪽 방향으로 전파되었으며 현지인들은 이슬람으로 개종함으로써 상업적인 혜택을 누릴 수 있었다는 것이다. 이슬람 상인들이 구축한 아시아와 유럽의 광역 무역네트워크를 이용할 수 있었고 종교적 유대감을 바탕으로 이슬람 상인과 우호적인 거래관계를 유지할 수 있었다(Brwon, 2003; Ricklefs, 1993).

자바에 불교, 힌두교, 이슬람이 차례로 전파되었고 이러한 종교는 자바인들의 영적인 세계와 세속적인 삶뿐만 아니라 바틱에도 깊은 영향을 주었다. 자바인들은 자신들의 입장에서 매력적으로 판단되는 종교의 특정한 부분을 채택해서 다른 종교와 혼합했다. 불교의 연꽃 모양을 닮은 바틱 모티프인 카웅은 약 9세기경 사일렌드라 왕국에 의해 세워진 불교 사원인 보로부두르와 약 1백 년 후 세워진 프람바난 힌두교 사원 모두에서 발견된다. 힌두교적인 요소를 가지고 있는 대표적인 모티프로는 인도의 신화에 등장하는 가루다, 와양 그림자극 등이 있다. 바틱 모티프의 소재로 자주 이용되는 와양 그림자극은 인도의 서사시인 라마야나(Ramayana)와 마하바라타(Mahabharata)의 내용을 담고 있다. 바틱 모티프가 와양으로부터 영향을 받았을 뿐만 아니라 동시에 와양에도 영향을 주었는데, 그림자극에 등장하는 인형에 특정 모티프가 있는 바틱을 입혀서 그 모티프가 지닌 상징과 의미를 통해 인형의 성격, 특징, 나이를 은유적으로 나타낼 수 있다.

라마야나

라마야나는 '라마의 여행기'라는 뜻으로서 인도의 고대 언어인 산스크리트어로 집필된 서사시다. 이 서사시는 시인 발미키(Valmiki)에 의해 저술된 것으로 추정되는데 지어진 연대에 대해서는 기원전 1천 5백 년에서 4백 년까지 다양한 의견이 존재한다. 일곱 권의 책에 2만 4천 연으로 이루어진 작품 전체를 순수한 영감 상태에서 저술했다고 한다. 주요 등장인물로는 악마를 무찌르기 위해 인간으로 환생한 비슈누 신의 일곱 번째 화신 라마(Rama), 라마왕의 아내인 시타(Sita), 교만에 빠져 자신의 능력을 악용하여 신들을 위협하는 존재로 변모한 악마의 우두머리 라바나(Ravana), 그리고 원숭이 왕국의 왕자 수그리바와의 부하이면서 라마를 도와 그의 아내 시타를 찾는 데 지대한 공헌을 한 하누만(Hanuman) 등이 있다.

내용을 간략하게 요약하면, 아요디아(Ayodhya) 왕국의 왕 다사라타(Dasaratha)에게는 세 명의 아내와 네 아들 —라마(Rama), 릭쉬마나(Lakshmana), 바라타(Bharata), 샤트루가나(Shatrughana)— 이 있었다. 네 아들 중 라마는 왕세자가 되기에 이상적인 아들로 성장했고, 이웃 왕국의 공주인 시타와 결혼했다. 그런데 자신의 소생인 바라타로 하여금 왕위를 계승케 하려는 계모 카이케이(Kaikeyi)의 계략에 휘말려 라마는 14년간 숲속에 은거하는 고행의 길을 떠나야 했다. 아내인 시타와 동생 락쉬마나도 라마를 따라 숲으로 떠나는데, 라마 일행은 이곳에서 라바나의 여동생 수르파나카(Surphanak)를 만난다. 라마에게 매혹된 수르파나카는 시타를 죽이려고 하지만 락쉬마나에게 부상을 당하게 된다. 분노에 사로잡힌 그녀는 오빠인 라바나에게 복수를 요청한다. 시타의 빼어난 미모를 알게 된 라바나는 시타를 납치하여 란카(Lanka)에 있는 자신의 궁에 감금시킨다. 수청을 들게 하기 위해 외유와 협박을 하지만 시타는 굴복하지 않는다. 라마와 락쉬마나는 시타를 찾는 과정에서 원숭이 군단을 만나게 되고, 원숭이 왕국의 전사인 하누만의 도움으로 라바나를 무찌르고 아내 시타를 되찾게 된다.

모든 것이 행복하게 마무리될 것 같은 이야기는 시타의 정절에 대한 라마의 의심이 발동하면서 새로운 국면으로 전환된다. 갖은 고초를 견디며 수절한 시타는 자신의 순결을 증명하기 위해 훨훨 타는 불 속으로 뛰어들려고 하지만 매정하게도 라마는 말리지 않는다. 이에 놀란 신들이 하강하여 '라마는 비슈누 신의 화신이며 시타는 락쉬미 여신의 화신'이라 일러 줌으로써 라마와 시타는 다시 결합하게 된다. 이들은 고국으로 돌아가 왕위를 계승하게 되고 행복한 여생을 보내게 된다. 인도의 서사시인 라마야나는 여러 동남아 국가에 전파되었는데 인도네시아에서는 그림자극인 와양과 발리의 케착(kechak) 댄스의 핵심 주제로 사용된다.

여러 종교의 색채가 혼합된 모티프로는 치르본 바틱에 등장하는 타만 아룸(taman arum)이 있다. 타만 아룸은 신이 거주하는 곳 혹은 왕의 정원이라는 뜻으로 술탄은 이곳에서 명상을 하면서 물질적인 속세로부터 벗어나려고 노력했다. 타만 아룸은 동물, 바위, 나무, 꽃 등으로 구성된 정원이다. 이러한 구성요소는 불교에서 열반의 단계에 이르기 위해 인간이 겪어야 하는 인생의 단계를 보여 주는 것으로 해석되기도 한다. 첫 번째 단계는 사슴 혹은 수퇘지로 표현된 일상의 세상, 두 번째 단계는 나이와 지혜로 해석되는 벵골보리수 나무, 세 번째 단계에는 행운과 다산을 상징하는 연못의 물고기와 세상의 중심과 모든 것의 기초로 상징되는 정자가 있다. 마지막 단계에서는 윤회를 상징하는 불사조가 등장한다(Kerlogue, 2004). 한편 타만 아룸 모티프에 등장하는 상상의 동물인 펙시나가리만(peksinagaliman)은 다양한 요소들이 결합된 상상 속의 맹수로서, 펙시(peksi)는 불사조 형상의 새, 나가(naga)는 용 혹은 뱀, 리만(liman)은 코끼리를 상징한다. 이는 페르시아적인 요소와 힌두교 및 이슬람적인 요소를 포함하고 있다.

이슬람은 미리 전해진 불교, 힌두교와 마찬가지로 바틱의 디자인과 사용에 깊숙이 관여되어 있다. 살아 있는 생명체를 모티프로 사용하는 것을 금하는 이슬람은 바틱 모티프에 많은 영향력을 미쳤다. 사실 이슬람 경전인 쿠란에는 생명체를 묘사하는 것을 금지하는 내용이 없지만 생명이 있는 것을 창조하는 것은 신과 경쟁하는 것으로 간주되었기 때문에 이를 어긴 사람은 무함마드에게 비난을 받았다. 따라서 바틱 모티프에 사용되는 생명체를 단순화시키고 양식화했다. 또한 이슬람의 영향을 받아 아라베스크 무늬와 바틱 칼리그라피(kaligrafi)가 모티프로 등장했다. 바틱 칼리그라피로 주로 샤하다(shahada), 바스말라(basmallah), 무함마드의 사촌이며 동시에 사위인 알리 이븐 아비 탈리브(Ali ibn Abi Talib)의 양날의 검, 솔로몬의 봉인 등이 사용된다(Kerlogue, 2004). 이슬람은 경전을 기초로 신앙생활을 영위하는 종교이기 때문에 자바인들은 쿠란에서 인용된 문구 자체에 마법적인 힘과 에너지, 악으로부터 보호하는 능력, 그리고 치유력 등이 있다고 믿는다. 따라서 경전의 문구를 담고 있는 바틱 칼리그라피 또한 그러한 능력이 있다고 간주된다. 바틱 칼리그라피는 큰 슬렌당, 이캇 크팔라, 벽장식용 천에서 주로 발견된다. 하지만 쿠란을 존중하는 차원에서 허리와 둔부를 감싸는 사롱이나 카인 판장에는 사용될 수 없다(Lee, 2007). 이슬람의 영향을 받아 만들어진 바틱은 주로 수마트라의 잠비 지역으로 수출되었기 때문에 바틱 잠비라고 불리기도 한다. 이슬람으로 개종함에 따라 모티프가 가지고 있던 기존의 의미는 종교와 신앙에 부합하는 목적성을 띤 의미를 부여받았다. 동일한 모티프를 다르게 해석하는 것이 큰 거부감 없이 진행되었는데 이는 이미 기존의 바틱 모티프가 서로 다른 종교의 특징들이 혼합되어 만들어졌기 때문이다.

4장

국민문화로서의 바탁

1. 바틱 모티프의 대표성과 상징성

4장부터는 바틱을 둘러싸고 있는 주변 상황과 인도네시아의 사회적 맥락 속에서 바틱에 대해 살펴보고자 한다. 서두에서 잠깐 언급한 것처럼 바틱이 지금과 같은 위상, 즉 인도네시아를 대표하는 '국민문화' 혹은 '문화적 아이콘'이 된 까닭을 이해하기 위해서는 독립 후 인도네시아에서 국민을 통합하는 것이 얼마나 중차대한 과업이었고, 그 과정에서 바틱이 어떻게 이용되었는지를 이해할 필요가 있다. 더불어 말레이시아와의 갈등이 결과적으로는 인도네시아인들로 하여금 문화에 더욱 관심을 갖게 만든 사건임을 이해할 필요가 있다.

필자가 바틱 연구를 시작하면서 가장 먼저 맞닥뜨린 질문은 '왜 인도네시아인들은 일개 염색법에 불과한 바틱에 이렇게 큰 의미와 가치를 부여하는가?'였다. 그리고 이어지는 질문은 '과연 바틱에서 인도네시아를 대표할 수 있는 요소를 찾을 수 있는가?'와 '그럼 태극기는 한국을 대표할 어떤 필연적 요소가 있는가?'였다. 바틱을 묘사하는 표현으로는 '인도네시아적인 것의 전형', '국민적인 의상으로서의 지위', '자바의 영혼', '인도네시아의 정신' 등이 있다. 이 같은 표현들이 인도네시아인 특히 자바인들에게는 별다른 거부감 없이 들릴 수 있지만, 외부 관찰자에게는 '바틱의 어떠한 요소와 특징이 인도네시아를 대표하는 정체성을 부여하는가' 하는 의문을 불러일으킬 수 있다. 또한 넓게는 인도네시아 군도의 무수한 문화유산, 좁게는 자바의 많은 전통 중에서 '왜, 그리고 어떻게 바틱이 인도네시아를 대표하는 문화 정체성으로 성장할 수 있었는가'라는 의문이 생긴다.

특정한 사물이 상징성을 획득하기 위해서는 대개 그 사회 구성원의 주관적인 해석과 의미부여가 필요하다. 바틱이 인도네시아를 대표하는 정체성을 획득하기 위해서는 바틱이라는 실체에 가치와 의미가 부여됨과 동시에 상징성이 발견되어야 한다. 정체성이라는 것은 본질적으로 '의식'의 문제다. 즉, 스스로가 인지하고, 생각하는 방식으로 자신을 인식하는 것이다.

2장과 3장에서 논의된 바틱의 특징과 문화적 가치로부터 바틱에 인도네시아를 대표하는 상징성과 정체성을 부여해 줄 수 있는 몇 가지 근거를 찾을 수 있다. 첫째, 바틱은 다른 직물이나 전통문화에 비해 모티프의 변형이 쉽고 무한하다. 바틱 모티프는 자바인의 정신과 그들의 삶의 모습뿐만 아니라 다양한 외래문화의 요소를 포함하고 있다. 특히 문화적으로 개방되어 있었던 북부 해안의 바틱에서는 문화의 수용과 접변이 끊임없이 일어났다. 바틱 특유의 유연성은 자바문화의 절충적이고 혼합적인 특성에 의해 더욱 강화되었고, 그 결과 다채로운 바틱 모티프를 양산했다. 이러한 특징들은 자바 중심의 문화라는 한계를 가지고 있는 바틱으로 하여금 인도네시아 군도와 그 주변 세계를 포괄할 수 있게 해 주고, 바틱이 군도 전체를 대표할 수 있다는 잠재적 근거를 제공해 준다.

둘째, 바틱은 근본적으로 의복의 형태를 띠고 있고 여성 중심의 문화다. 이러한 특징은 다른 소수 종족들이 바틱을 문화 정체성으로 받아들이는 데 큰 거부감을 불러일으키지 않는다. 바틱이 초창기에는 일상복보다는 주로 중요한 예식이나 제단을 장식하는 용도로 만들어졌다는 사실은 바틱이 자바의 정신 세계와 밀접한 관련성이 있음을 보여 준다. 의상이 그 의상의 착용자가 속한 사회에 갖는 의미와 상징성은 다른 어떤 전통보다도 깊고 강하다. 의상은 비언어적이고 시각적인 형태의 강력한 사회적 표현수단이 될 수 있고 정체성을 표현하는 시각적인 은유가 될 수 있다(Davis, 1994). 의복에 담긴 의미와 상징의 해석을 통제할 수는 없지만 의복을 통해 착용자는 보는 사람에게 특정한 메시지를 전달할 수 있고 의복의 변화는 그 사회의 정치·종교적인 변화를 나타내기도 한다. 또한 의복은 다른 전통문화에 비해 사용빈도가 월등히 높고 착용자의 신분, 경제력, 지위 등을 직·간접적으로 표출한다. 더욱이 바틱 모티프에는 사회 구성원들 사이에서 해석상 서로 공유하고 있는 의미와 상징이 존재한다.

한편 직조할 때 실에 팽팽한 긴장을 주기 위해 여성이 다리를 뻗고 바닥에 앉아 있는 모습과 실이 여성의 허리춤에서 나와 서로 연결되는 모습은 출산하는 장면을 연상시킨다(Kahlenberg, 2010). 자바 사회는 성별에 따른 노동 분업이 매우 엄격했기 때문에 배우자감으로 기술이 있는 남성이나 여성을 구하는 것은 매우 중요했다. 이와 같은 이유로 부모가 자식의 뛰어난 기술을 사람들에게 알리기 위해 사람들이 보는 가운데 딸로 하여금 옷을 짜는 일을 시키기도 했다(Ave and Hitchcok and Jay, 2008). 인도네시아에서 흔히 남성적인 상징성을 나타내는 것으로 크리스를 비롯한 나무와 금속으로 된 물건, 집을 조각하거나 그리는 것 등이 있다. 말레이 세계에서는 단검과 남성성의 연상적 결합이 매우 강해서 결혼식에 신랑이 불가피한 사정으로 입장하지 못할 경우 심지어 크리스가 신랑을 대체하는 것으로 받아들여졌다(Ave and Hitchcok and Jay, 2008). 직물은 이에 대한 여성적인 이항대립물이다(Kahlenberg, 2010). 바틱 역시 아낙네들이 집안 식구들의 옷을 만드는 것에서 비롯된 여성 중심의 문화다. 현대에도 바틱 제작의 정수인 찬팅 작업은 대부분 여성들에 의해 행해진다. 이러한 사실은 타 문화를 수용하는 입장에 있는 소수 종족의 바틱에 대한 거부감을 줄여 줄 수 있다. 같은 맥락에서 만약 인도네시아 공용어인 '바하사 인도네시아(bahasa Indonesia)'가 인도네시아 인구의 10%에도 미치지 못하는 수마트라의 작은 부족의 언어가 아니고 자바어였다고 가정해 보면 지금처럼 별다른 마찰 없이 공용어의 자격을 얻을 가능성은 희박했을 것이다. 스리위자야 왕국 때부터 상용어로 쓰인 바하사 인도네시아어는 자바어와 달리 정치적으로 중립적일 수 있었다(Pringle, 2010).

셋째, 바틱은 경제적 가치를 지니고 있다. 현대사회와 달리 과거에 직물은 인도네시아를 포함한 동남아시아 전역에 있어 중요한 부의 축적 수단이었으며 활발하게 거래가 이루어진 무역의 대상이었다. 바틱은 상업화를 통해 자바 지역 내 거래, 인도네시아 군도 사이의 무역,

해외 무역으로까지 확대되면서 거대한 시장을 확보했다. 의복으로서 바틱은 끊임없는 변화와 실험을 통해 과거와 현재의 단절 없이 부단하게 변모했다. 일상적인 의복으로 활용되면서 바틱은 성공적인 산업으로 변모했는데, 이는 바틱이 정치적인 논리와 무관하게 자생력이 있는 문화로 성장하게 만들었다. 더욱이 경제적으로 외국의 자본에 종속된 인도네시아에서 자생적으로 성장한 바틱 산업은 나름의 상징적인 의미가 있다.

마지막으로 바틱은 높은 문화적 가치를 지니고 있으며 자바인들은 바틱에 대한 자부심을 갖고 있다. 바틱 모티프는 자바인들의 삶, 정신 세계, 주술적인 신앙, 그리고 역사적 사건 등을 포함한다. 대표적인 모티프들은 각각의 스토리텔링을 가지고 있고 상당수의 착용자는 모티프에 함축된 의미를 인지하고 있다. 모티프는 역사적 인물이나 사건과 관련이 되기도 하고 바틱이 제조되는 지역의 지형적 특징을 담고 있기도 하다. 이러한 특징이 바로 바틱이 20세기 후반에 상업화와 서구의 영향으로 정통성을 많이 상실했음에도 불구하고 여전히 문화적 가치를 지니고 있는 이유다.

바틱은 자바인들의 정서와 그들의 세계관을 표현하는 매개체다. 출생부터 사망까지 바틱을 중요한 통과의례에 사용하고 바틱의 특정한 모티프가 병을 치료하는 치유력, 악한 영으로부터 보호하는 효험이 있다고 믿기도 한다. 자바인들은 바틱의 정점이 자바이고 그중에서도 크라톤에서 만들어진 바틱이라고 믿는다.

신생 독립국이면서 오랜 식민 지배의 역사를 갖고 있는 인도네시아가 자신의 정체성을 대표하기 위해 바틱을 사용했다는 것은 자바 출신의 지도자들에게 바틱에 대한 자부심이 있었다는 것으로 해석된다. 자바의 바틱은 모리(천)의 양쪽 면 모두에 왁스 작업을 하기 때문에 한쪽 면에만 왁스 작업을 한 바틱에 비해 훨씬 정교하고 고급스러운 완성품을 만들 수 있다. 찬팅이라는 도구를 사용하기 때문에 아주 정교한 모티프를 그리는 것이 가능하고 오랜 세월동안 전해 내려오는 염색방법은 독특한 색상과 쉽게 변색되지 않는 바틱을 만드는 것을 가능하게 한다. 또한 자바인들의 느긋하고 낙천적인 성격이 바틱 작업에 필수적으로 동반되는 지루함을 이겨 내고 인내심을 요구하는 세심한 수작업을 잘 견뎌 내게 한다. 자연스레 자바인들은 크라톤에서 행해진 바틱을 고급예술로 간주하고 스스로 크라톤에서 만들어진 바틱이 바틱문화의 정점이라고 믿었다. 크라톤에서는 바틱이 고급 예술의 한 분야였고 명상을 수반하는 정신수양의 한 방법이었다. 따라서 바틱을 만들기 전에 금식을 하거나 몸을 정결하게 하는 의식이 수반되었다. 이완 티르타(Iwan Tirata, 1996)는 인도네시아 바틱이 세계 바틱의 정상이라는 생각을 뒷받침해 줄 근거로 폭넓은 디자인의 레퍼토리, 발달된 염색술, 기술적 완성도를 근거로 제시한다. 이러한 자신감과 자부심은 독립 후 정치 지도자들로 하여금 인도네시아를 대표할 문화 정체성으로서 바틱을 선택하게 하는 데 크게 작용했을 것이다.

문화 정체성의 관점에서, 지금까지 논의된 바틱의 특징과 가치를 고려할 때 바틱은 분명 다른 전통문화에 비해 상대적인 장점이 있는 것으로 판단된다. 하지만 이러한 비교우위가 바틱에 부여된 대표성과 상징성을 설명해 줄 충분조건이 되진 못한다. 모티프를 자유롭게 그릴 수 있다는 것과 이름이 붙여진 모티프만 3천 개도 넘는다는 사실은 바틱이 인도네시아 군도 전체를 대표할 수 있다는 근거를 제공하는 동시에 대표성과 상징성을 갖추기에는 획일성이 부족하다는 문제점도 제공한다. 또한 절충적이고 혼합적인 요소는 바틱만의 전유물이 아니라 인도네시아 전역에서 발견되는 공통된 특징이고, 여성 중심의 문화 역시 바틱뿐만 아니라 직물 전반에 걸쳐 나타나는 현상이다. 또한 상업적인 가치는 정체성과 대표성과는 별개의 사안일 수 있다. 바틱의 상업적 성공은 서구적 패션 트렌드를 수용해서 바틱을 대중화시킴으로써 가능했다. 즉 바틱의 상업화는 근본적으로 바틱이 가지고 있는 가치와 상징성의 본질을 흐리는 방향으로 진행되고 있다. 다른 특징에 비해 바틱의 문화적 가치와 자부심은 정체성과 대표성을 부여할 수 있는 중요한 근거가 된다. 무엇보다 바틱이 소수 종족의 문화가 아닌 다수 종족의 고급문화라는 점과 다른 소수 종족이 자바의 문화가 고급문화라는 것을 인정하는 분위기는 더욱 그러하다.

하지만 이러한 사실이 자바 중심의 문화라는 한계를 극복할 근거를 제공하지는 못한다. 바틱은 여전히 인도네시아인 전체가 아닌 자바인들의 문화적 가치이고 자부심이다. 인도네시아인이 현재 가지고 있는 바틱에 대한 태도는 국가 혹은 정치 지도자에 의해 바틱이 문화 정체성으로 자리매김하고 난 후 생겨나거나 말레이시아와의 바틱 소유권 갈등 속에서 생겨난 매우 최근의 산물이다. 즉 바틱이 지닌 문화적 가치가 바틱을 인도네시아를 대표하는 중요한 상징물로 만든 것이 아니라, 바틱이 인도네시아를 대표하는 상징성을 먼저 획득하고 나서 지금의 문화적 가치가 생겨난 것이다.

위에서 논의된 내용을 염두에 두고 바틱이 지닌 대표성과 상징성을 설명하기 위해 기호학적인 관점에서 접근해 보면, 기호학에서는 개념과 청각영상의 결합을 기호라고 부른다. 기호(signe)는 개념을 의미하는 기의(시니피에-signifié)와 청각영상을 대체하는 기표(시니피앙-signifiant)로 설명될 수 있다. 기호, 기표, 기의의 사전적인 의미를 살펴보면 다음과 같다. 기호는 "자기가 아닌 다른 것을 대신하거나 지칭하거나 표상하는 어떤 것"으로 기표와 기의라는 두 가지 구성요소로 나뉜다(에드거 앤드류·세즈윅 피터, 2003). 기표는 "기호가 나타내는 물리적 형태로서, 말해지거나 글로 쓰인 단어나 대상 등이 이에 해당되고, 기의는 기호가 지시하는 개념이다"(에드거 앤드류·세즈윅 피터, 2003). 그런데 기의와 기표의 관계는 매우 자의적이다. 구체적인 예로 한국말 '사과'와 실체인 사과와는 아무런 관련성이 없다. '사-과'라는 소리의 기표는 실체의 사과와는 아무런 내적 관련성을 가지고 있지 않다. 즉, 어떤 사물과 그 사물이 갖고 있는 상징성과의 관계가 자의적이라는 것이다.

이러한 점을 고려할 때 현재 바틱에 함의된 상징과 가치는 바틱 자체의 특징뿐만 아니라 사회 구성원, 더 정확하게는 정치 지도자의 필요에 의해 부여된 것으로 추론된다. 필자는 그 요인이 독립 후 신생국으로서 인도네시아 국민을 형성하는 과정에서의 문화 정체성의 필요성이라고 판단한다. 따라서 문화 정체성이 필요했던 시대적 상황의 특징은 무엇인지, 국민국가가 건설되는 과정에서 지배 엘리트들은 바틱을 어떻게 이용했는지, 바틱은 정체성 형성에 어떤 역할과 기능을 수행했는지, 더불어 인도네시아와 바틱 소유권 갈등을 빚어 온 말레이시아의 역할은 무엇인지를 살펴볼 필요성이 제기된다.

2. 통합 기제로서의 바틱: 이론적 설명

일반적으로 한 국가의 상징성과 대표성을 가장 잘 나타내는 것으로 국기를 생각한다. 나라마다 국기에 자신들의 정체성을 대표할 특정한 문양을 넣고 그 문양에 의미와 가치를 부여한다. 하지만 국기를 만드는 과정에서 사회 구성원으로서 자신의 의사를 관철한다는 것은 국기 제작에 직접 관여한 몇몇의 소수를 제외하면 불가능하다. 국기가 사회 구성원 개개인의 종교와 다른 종교적 색채를 지니고 있는 경우도 있고 보는 관점에 따라서는 국기에 새겨진 문양이 그 국가를 대표할 명분이 부족하다고 여겨질 수도 있다.

바틱 모티프에서 인도네시아를 대표할 상징성을 찾는 것도 유사한 문제를 내포한다. 그러나 자의적으로 의미가 부여된다고 할지라도 공동체 구성원들이 스스로 그렇다고 믿는 어느 정도의 객관적 요소가 전무할 수는 없다. 기어츠는 문화개념은 근본적으로 기호학적인 것이고 문화를 인간 "스스로가 짜 놓은 의미의 망(webs of significance)"이라고 설명한다(Geertz, 1973). 의미의 망은 고정된 법칙성을 갖는 것이 아니라 역동적이고 가변적인 것이다. 하지만 사회의 구성원들은 의미의 망을 해석하는 공유된 기호와 상징을 갖게 된다. 외부 관찰자로서 사회 구성원들이 짜 놓은 의미의 그물망을 해석하기 위해서는 상징과 기호를 상황 속에서 해석할 필요가 있다.

어떻게 바틱을 이용해서 국민을 통합시킬 수 있을까? 라는 질문에 답을 하기 위해 미국의 인류학자인 로버트 포스터(Robert Foster)는 그의 논문(「Making National Cultures in the Global Ecumene」, 1991)에서 "네이션(nation)을 문화적 산물, 내셔널리즘(nationalism)을 집단적 정체성 형성의 문화적 과정"이라고 말한다. "국민문화를 만드는 것은 필연적으로 외부인을 배제하면서 동시에 내부인을 본원적인 유대감을 통해 결속시키는 기능을 하는 특징이나 기준을 포함한다." 포스터는 "어떠한 방법으로 국민문화가 명백하고, 당연하고, 공유된 국민적 체질로 만들어지는가?"라는 질문의 답으로 모든 국민국가에서 필수적으로 발생하는 문화적 과정(cultural process)을 언급한다(Foster, 1991).

그는 국민문화 형성의 과정을 의미가 다소 중첩되는 일련의 단어로 설명하고 있다. 첫째, 상상, 발명, 기억, 둘째, 분류, 지식, 규제, 셋째, 상품화, 확산, 소비이다. 포스터는 첫 번째 어휘군을 베네딕트 앤더슨(Benedict Anderson)의 '상상의 공동체'와 일맥상통하는 것으로 설명하고 있다. 포스터는 "아무리 작은 민족의 구성원이라 할지라도 모든 구성원을 다 알지 못하지만 각각의 구성원의 마음속에 그들의 커뮤니언(communion)의 이미지가 있다"(Anderson, 2006)라는 앤더슨의 표현을 사용해서 '어떻게 구성원들이 하나의 도덕적 공동체로서 같이 느끼고 생각하고 행동할 수 있는가?'라는 의문을 제기한다. 두 번째 어휘군은 권력의 기술(technologies of power)을 지칭하는 것으로 국가기관은 권력의 기술을 통해서 시민을 창조하고, 통제하고, 분류한다고 주장한다. 마지막 어휘군은 네이션을 구체화시키는 과정으로 "사회 구성원이 상품화된 물체와의 상호작용과 조작을 통해 자신을 시민으로 만드는 행위"를 가리킨다.

바틱이 국민을 통합하는 수단으로 사용되었다는 주장을 전개하기 위해 네이션에 대한 서로 다른 입장을 살펴보면, 우선, '네이션'을 오랜 시간 같은 언어와 문화를 갖고 살아온 하나의 공동체로 보는 원초주의(primordialism)적 입장과 베네딕트 앤더슨, 어네스트 겔너, 에릭 홉스봄 등이 주도하는 '상상의 공동체', 혹은 '만들어진 전통'과 같은 맥락에서 네이션을 근대적 산물, 또는 사회적 구성물로 인식하는 근대주의적 입장이 존재한다. 국민국가 건설과정에서 바틱의 역할을 조명하기 위해 이 책은 후자의 입장에서 '네이션'을 해석하고자 한다. '네이션'을 구성하는 핵심으로 혈연, 언어, 공유된 문화, 지리적 특징 같은 선험적 혹은 원초적인 요소보다는 구성원이 함께 살고자 하는 욕망, 함께 공유하고 있는 유산을 소중하게 여기는 의지에 더 무게를 둔다.

이러한 맥락에서 포스터가 사용한 어휘들을 살펴보면, 우선 상상, 발명, 기억은 '네이션'이 상상의 공동체임을 설명하는 단어들이다. 독립 후 인도네시아 정치 지도자들은 서로 다른 언어를 사용하고 네덜란드와 일본의 식민 지배를 제외하면 한 번도 같은 정치공동체에 속해 본 경험이 없는 수많은 종족으로 구성된 국민을 하나로 묶기 위해 다양한 작업을 진행하였다. 인도네시아의 현대사에서 바틱 역시 이러한 국민통합의 기제로 사용되었음을 목격할 수 있다. 바틱은 근본적으로 자바의 문화이며 만들어지는 지역에 따라 강한 지역색을 지니고 있던 문화였다. 이러한 바틱이 초대 대통령이었던 수카르노의 주도하에 전 군도를 아우르는 국민적 문화로 확대되었다. 인도네시아에서 국민문화를 만드는 것은 내셔널 히스토리를 만드는 것과 유사한 과정을 수반한다. 과거에 있었던 사실이 적절하게 망각되고 때로는 새롭게 상상 혹은 발명된다. 과거에 바틱을 즐겨 착용하지 않았던 지역 혹은 바틱이 상대적으로 잘 알려지지 않았던 지역도 현재의 국민국가 영토 내에 위치한다는 이유로 마치 바틱이 오래전부터 있었던 것처럼, 그리고 널리 애용되었던 것처럼 인식되고 있고 그래야만 하는 것으로 조장된다. 그러나 유사한 문화를 공유했던 지역이라도 말레이시아처럼 국경 밖에 있다면 공유된 문화에 대한 소유권에서 배제된다.

이는 역사적 사실에 대한 망각과 기억, 그리고 발명과 상상이 수반되어야 하는 국가 주도의 작업이다. 이는 자바의 문화가 아닌 인도네시아를 대표하는 국민문화로서의 바틱이, 만들어진 전통으로 간주될 수 있음을 의미한다.

만들어진 전통은 사회 구성원들이 태어나기 전부터 존재했고 아무런 경계심 없이 자연스럽게 받아들이고 행했던 것들이 사실은 어느 특정 시점에 만들어진 혹은 발명된, 의도된 산물이라고 말한다. 예컨대 영국의 고색창연한 왕실의 기념식이 천년 동안 이어진 전통이 아니라 19세기 후반 정치적 의도에 의해 만들어진 전통이라는 것이다. 홉스봄은 그의 저서 『만들어진 전통(*Invented Tradition*)』 전체를 개괄하는 서장에서 만들어진 전통은 "명시적이든 암묵적이든 통상 공인된 규칙에 의해 지배될 뿐만 아니라 특정한 의례나 상징적 성격을 갖는 일련의 관행들을 뜻하는 것으로 간주되는데, 그것들은 특정한 가치와 행위규준을 반복적으로 주입함으로써 자동으로 과거와의 연속성을 내포한다"고 설명한다(홉스봄, 2004). 여기에서 연속성은 의도에 의해 만들어진 인위적인 것이다. 만들어진 전통이 상정하는 가장 근본적인 점은 역사에 대한 기억이 현실정치의 메커니즘과 분리될 수 없다는 것이다.

만들어진 전통에서 주목해야 할 핵심 개념 중 하나가 전통 발명의 필요성이다. '필요는 발명의 어머니'라는 말처럼 발명은 필요에 대한 결과물인데 전통의 발명은 엘리트의 정치적 의도, 집단의 정체성 확립, 타 종족과의 구분 같은 복합적인 필요에 의해 만들어진다. 이러한 필요의 기저에는 과거와의 연속성과 현재적 필요 즉 정당성이 있다. 겉으로는 과거의 중요성을 강조하고 전통이 과거와 연속적으로 연결된 것처럼 보이게 하지만 전통을 인위적으로 만드는 것은 그 시대의 필요를 충족시키고 집단의 정당성을 구축하기 위함이다.

한편 바틱을 문화적 기억과 관련시켜 보는 것도 상상, 발명, 기억이라는 어휘군을 이해하는 데 도움이 될 것이다. 사회적 기억은 에밀 뒤르켐(Emile Durkheim)의 영향을 받은 모리스 알브박스(M. Halbwachs)에 의해 발전된 개념이다. 알브박스는 처음 사회적 기억이라는 개념을 심리학 용어에서 차용했지만 그것을 심리학과 철학을 넘어서는 개념으로 발전시켰다(Olick and Robbins, 1998). 알브박스는 사람이 자신이 속한 사회 안에서 기억을 형성할 수 있고 또한 그 기억을 회상하고, 인식하고, 자신이 처한 주변과 연상시키는 것도 그 사회 안에서만 가능하다고 말한다. 그리고 개인이 자신이 속한 사회적 맥락 밖에서 일관성과 지속성 있는 기억을 유지하는 것은 불가능하다고 주장한다(Olick, 2008). 그는 인간을 결속시키는 수단이 공동의 기억이라고 인식하고 '집단적 기억(collective memories)'이라는 개념을 도출한다. 알브박스는 역사와 기억을 분명하게 구별하는데 그에게 있어 역사란 죽은 기억이고 더 이상 현재의 사회 구성원과 유기적인 관계가 없는 과거의 보존이다(Olick and Robbins, 1998).

알라이다 아스만(Aleida Assman)*은 역사와 기억을 명확하게 대립하는 개념이 아닌 서로 억압하지도 배제하지도 않는 두 가지의 양태라는 전제하에 역사와 기억을 '저장기억-비활성적 기억'과 '기능기억-활성적 기억'으로 구분한다. 비활성적 기억은, 기억이 보유자로부터 분리되고 현재와 미래로부터 과거를 분리하고 진리를 추구한다. 반면 활성적 기억은, 기억 보유자와 결부되어 있고 과거, 현재, 그리고 미래를 연결하는 다리의 역할을 한다. 또한 사건을 선별적으로 처리하고 정체성과 행동 규범을 생성해 낸다(아스만, 2012).

얀 아스만(Jan Assman)은 알브박스의 '집단적 기억'을 발전시켜 문화적 기억(cultural memory)을 고안해 냈다. 얀 아스만은 인간의 기억을 모방적 기억(mimetic memory), 사물에 대한 기억(the memory of thing), 의사소통적 기억(communicative memory), 문화적 기억(cultural memory)으로 분류한다(Assman, 2011). 아스만의 네 가지 기억 중에서 사회적 기억과 관련된 기억은 의사소통적 기억과 문화적 기억이다. 의사소통적 기억은 한 개인이 타인과의 의사소통에 사용하는 일상적인 기억이다. 여기서 타인이란 과거에 대해 동일한 이미지를 형성하고 이를 통해 자신이 속한 집단의 결속력과 특징을 마음속에 그리는 사람이다. 의사소통적 기억은 명확한 고정점이 없고 기억 보유자의 사망과 함께 사라진다. 하지만 문화적 기억은 명확한 고정점을 가지고 의식과 축제 등을 통해 형성된다. 또한 문화적 기억은 주술사, 예술가, 성직자, 교사, 학자

* 얀 아스만(Jan Assman)과 알라이다 아스만(Aleida Assman)은 독일 문화학을 주도하는 부부 교수이다.

같은 특별한 전달자에 의해 확산된다(Assman, 2011).

문화적 기억이란 어떤 사건이 발생한 후 그 사건에 대한 기억이 그대로 보관되는 것이 아니라 현재의 필요에 의해 사후적으로 재구성되는 것이다. 따라서 기억은 선택적인 행위이고 항상 행위자의 의도에 부합하지 않는 부분에 대한 망각을 동반한다. 그러므로 특정 소수에 의해 구성된 기억과 망각은 권력적일 수 있다. 더욱이 정치적 지도자가 의도된 정체성을 확립하기 위해 문화적 기억을 사용한다면 더욱 그러하다. 따라서 문화적 기억은 바틱이 인도네시아의 국민 형성에 어떻게 기여했는지를 밝히는 데 필요한 중요한 개념이다. 특히 기억과 망각은 바틱이 한편으로는 국민을 통합하면서 다른 한편으론 국민국가 경계 밖에 위치한 유사한 문화권의 타 종족을 배제하는 메커니즘임을 설명하는 열쇠다.

3. 바틱의 지역적 구분과 '바틱 인도네시아(Batik Indonesia)'

1) 바틱의 지역적 특징

바틱을 지역적으로 구분하면 크게 중부 자바를 중심으로 하는 전통 바틱(batik klasik)과 북부 해안을 중심으로 하는 바틱 프시시르(batik pesisir)*로 나눌 수 있다. 통상적으로 인도네시아 바틱을 중부 자바 바틱과 북부 해안 바틱으로 나누고 있지만 각 지역마다 선호하는 색조, 염색법, 문양이 구분되고 심지어는 바틱을 제조하는 개인의 성향이나 가문의 특징이 하나의 패턴으로 자리 잡은 경우도 있다.

족자카르타와 수라카르타의 크라톤을 중심으로 발달된 중부 지역 바틱은 기하학적이고 상징성을 추구하면서 전통을 고수하려는 성향을 가지고 있다. 반면 자바의 북부 해안에서는 다양한 외부 지역과의 끊임없는 접촉을 통해 외래문화를 수용하고 현지화시키는 작업이 수행되었다. 북부 해안에 정착한 중국인들 일부는 자바인과의 결혼을 통해 융화하면서 바틱 산업에 지대한 영향을 미쳤다. 중국인 바틱업자들은 가내수공업에 머물러 있던 바틱을 하나의 산업으로 성장시켰고 그 과정에서 소비자와 중간업자의 기호에 부합하는 다양한 바틱을 제작했다.

과거 바틱의 정수(精髓)는 중부 자바 바틱이라는 인식과 함께 북부 해안 바틱을 다소 부정적으로 바라보는 경향이 자바인들뿐만 아니라 외국 학자들 사이에 만연해 있었다. 예컨대 라우파엘(G. P. Rouffaer)과 야스퍼(J. E. Jasper) 같은 네덜란드 학자들은 전통성이 있는 바틱의 본고장이 중부 자바라고 인식하는 반면에 다양한 문화가 혼합된 북부 해안의 바틱 프시시르에 대해서는 전통성이 결여되고 모티프에 등장하는 동·식물의 상징적 의미가 부족하다는 편견을 가지고 있었다

* 'persisir'는 인도네시아어로 해안이라는 뜻이다.

(Gluckman, 1996).

하지만 시대가 바뀌고 바틱에 대한 가치에도 변화가 생기면서 북부 해안 바틱을 새로운 각도에서 재해석하는 분위기가 생겨나고 있다(Gluckman, 1996). 이완 티르타의 주장에 따르면 바틱이 지금처럼 정교한 무늬와 완성도 높은 수준으로 발전한 것은 이슬람 상인들이 전해온 우수한 재료 덕분이었다. 무역상들이 가지고 온 물품들은 북부 해안의 항구를 통해 보급되었기 때문에 자연스레 완성도 높은 바틱 제품이 북부 해안에서 먼저 시작되고 이를 나중에 중부 자바의 크라톤에서 받아들였다는 것이다(Iwan Tirta, 1996). 따라서 두 지역의 차이에 대한 지나친 강조는 바틱 역사를 왜곡시킬 수 있다. 한편 북부 해안 지역의 왕족들이 내륙의 공주와 결혼을 하는 경우가 왕왕 있었는데 이때 신부는 자신의 무희, 시종, 가믈란 연주자, 그리고 바틱을 만드는 사람까지 데리고 시집을 갔다(van Oss, 1996). 따라서 두 지역의 바틱이 서로 무관하게 독자적으로 발전했다고 말할 수는 없다. 북부 해안 바틱이 인도네시아 전체 바틱에 기여한 가장 큰 공로는 과거에 머물러 있으려 했던 바틱에 기술적인 발전과 다양성을 가져다준 것이다.

일반 농민들에 의해 만들어진 바틱에 대한 무관심도 바틱 프시시르에 대한 편견과 마찬가지로 전통 바틱에 대한 지나친 강조에서 비롯되었다. 연구가 지나치게 크라톤에서 만들어진 바틱에만 집중되고 농민들에 의해 만들어진 바틱은 등한시되었기 때문에 마치 바틱이 궁궐에서만 행해졌던 것처럼 인식되었다. 초점이 주로 자바의 궁궐인 크라톤으로만 향하는 것은 농민들이 만든 바틱과 달리 궁궐에서 만들어진 바틱이 정교함과 예술성에서 높은 완성도를 보이기 때문이다. 정교한 형태의 바틱은 찬팅을 사용하기 때문에 본질적으로 오랜 시간과 세심한 수작업을 요한다. 일상의 바쁜 삶을 마치고 잠깐의 여가시간에나 바틱을 만든 농민들에 비해 시간적으로 여유롭고 좋은 작업환경에서 우수한 재료를 사용한 궁중의 여인들이 훨씬 정교하고 뛰어난 작품을 만들 수 있었다. 농업이 자바의 경제에 생명력을 불어넣는 역할을 했지만 예술과 문화가 배양되고 발전된 곳은 다름 아닌 족자카르타와 수라카르타의 궁궐 즉 크라톤이었다. 자바에서 크라톤은 왕의 거주지일 뿐만 아니라 통치의 중심이고 종교, 예술, 문화의 중심이기도 했다(Hardjonagoro, 1980).

하르조나고로는 크라톤을 바틱문화 발달의 긴 여정 중의 '스탑오버(stopover)'와 같다고 표현한다. 그에 따르면 바틱 모티프는 농경사회에서 시작되었고 그 철학적 배경 또한 농업에 바탕을 두고 있다. 농경사회에서 시작된 바틱이 궁중으로 전파되면서 기술적으로 더욱 세련되고 모티프가 다양해지는 과정을 거쳐 정점에 이른 후 다시 시발점인 농경사회로 확산됐다는 것이다. 그는 바틱을 바틱 크라톤과 대중 바틱(batik rakyat)으로 구분하는 것은 잘못된 발상이라고 주장한다(Hardjonagoro, 1999).

(1) 중부 자바 바틱

바틱의 지역적인 특색을 구체적으로 살펴보면, 자바의 북부 해안으로부터 약 320km 떨어진 중부의 수라카르타와 족자카르타를 중심으로 발달된 전통 바틱은 질서정연하고 통제된 기하학적 무늬를 주로 사용한다. 또한 바틱에 사용되는 색상도 인디고(indigo: 파란색), 소가(soga: 갈색), 갈색과 파란색이 혼합된 검은색, 바탕색으로는 흰색 혹은 크림색처럼 한정적이다. 바탕색은 중부 지역을 대표하는 두 도시인 수라카르타와 족자카르타의 바틱을 비교할 때 자주 등장하는데 족자카르타에서는 선명하고 밝은 흰색을 선호하는 반면 수라카르타에서는 크림색을 사용한다. 또한 바틱의 대표적인 모티프인 파랑(parang)에서도 두 지역의 차이가 있다. 모티프의 대각선 무늬에서 서로 상반된 형태를 보여 주는데 수라카르타에서는 대각선이 왼쪽 위에서 오른쪽 아래로 흘러내리는 반면 족자카르타의 대각선은 오른쪽 위에서 왼쪽 아래로 내려온다(Djoemena Nian, 1990).

두 지역에서 발견되는 바틱의 차이를 이해하기 위해서는 마타람(Mataram)의 역사를 살펴볼 필요가 있다. 인도네시아 역사에서 마타람이라는 왕국은 8-9세기에 번영했던 고대 힌두교 마타람과 16세기 후반부터 18세기까지 존재했던 이슬람 마타람이 있다. 여기서 설명하려고 하는 마타람은 중부 자바의 수라카르타(Surakarta)를 중심으로 생겨난 후자를 지칭한다. 마타람은 처음 파장(Pajang)의 속국이었으나 스나파티(Senapati)가 파장을 무찌르고 마타람의 초대 왕으로 등극하면서

특징/지역	족자카르타	수라카르타
모티프	-큰 기하학적 모티프를 혼합하는 것을 선호 -우클(ukel), 카웅(kawung), 니틱(nitik) 모티프를 선호 -파랑 모티프: 오른쪽 위에서 왼쪽 아래로 대각선을 이루면서 내려감(／)	-작은 기하학적 모티프와 비 기하학적 모티프를 혼합하는 것을 선호 -사우탄(sautan), 다양한 파랑(parang) 모티프 선호 -파랑 모티프: 왼쪽 위에서 오른쪽 아래로 대각선을 이루면서 내려감(＼)
배경 색상	순수한 하얀색	크림색
선호 색상	짙은 파란색	짙은 갈색
특징	-강한 색조를 추구, 더 강하고 진한 말람 사용 -장엄하고, 품위 있고, 웅장한 것을 추구 -단순한 배경무늬(isen-isen) 사용	-부드러운 색조 추구 -우아함과 아름다움을 추구 -다양한 종류의 배경무늬(isen-isen)를 사용

표 4-1 족자카르타와 수라카르타의 바틱 특색 비교

동부와 중부 자바를 통합하게 된다. 술탄 아궁(Agung)의 통치기간 마타람은 영토를 자바 대부분의 지역으로 확장하면서 전성기를 구가했다. 하지만 술탄 아궁 사후에 점차 쇠퇴하기 시작하면서 네덜란드 동인도회사에게 영토와 권력 모두를 잃게 되고, 1794년 마침내 동인도회사의 속국이 되었다.

18세기 중엽 당시 마타람 왕조의 통치자 파쿠부워노(Pakubuwono) 2세를 이을 왕위 계승과정에서 치열한 전투가 발생했다. 파쿠부워노 2세는 자신을 위협하는 반동 세력을 제거하면, 그 대가로 3천 가구를 녹(祿)으로 주겠다고 약속했다. 망쿠부미(Pangeran Mangkubumi) 왕자는 이 제안을 받아들이고 당시 반란 세력이었던 마스 사이드(Mas Said)를 무찔렀지만 약속한 보상을 받지 못했다. 게다가 네덜란드 총독 판 임호프(van Imhoff)의 요구에 굴복해서 파쿠부워노 2세는 자바의 전 해안을 연 2만 레알(real)에 네덜란드 동인도회사가 임차하도록 허락했다. 망쿠부미 왕자는 파쿠부워노 2세의 결정에 강한 불만을 제기하면서 왕이 고관들과의 상의 없이 독자적으로 중대한 결정을 내리는 것은 왕도에 어긋나는 행동임을 지적했다. 망쿠부미의 불만을 더욱 고조시킨 것은 판 임호프가 파쿠부워노 2세 왕에게 망쿠부미의 야망이 지나치기 때문에 그에게 많은 권력을 주는 것과 3천 가구를 보상으로 주는 것에 반대하는 입장을 표명하고 공개적으로 망쿠부미를 꾸짖는 행동이었다.

결국 망쿠부미는 마스 사이드와 함께 반란에 가담하게 되고 제3차 자바전쟁(1746-1757)이 발발하게 되었다. 망쿠부미는 1749년 12월 그의 추종자들과 함께 지금의 족자카르타에 왕국을 건설했고, 마침내 1755년 기얀티(Giyanti) 조약으로 마타람 왕조가 두 자치 구역으로 분할되었다. 이 조약에서 족자카르타는 수라카르타의 궁궐을 모방하지 않겠다고 약속했다.

수라카르타를 수도로 하는 마타람 왕조의 서쪽은 파쿠부워노 3세가 통치하고 족자카르타를 수도로 하는 동쪽은 망쿠부미가 통치하게 되었다. 망쿠부미는 하믕쿠부워노(Hamengkubuwono)라는 칭호를 채택하고 술탄 아궁 이후 최초로 술탄의 칭호를 얻은 첫 통치자가 되었다. 그는 족자카르타가 마타람 왕조의 전통을 계승한다고 선언하고 자신의 궁궐을 수라카르타의 궁궐과 여러 가지 측면에서 차별화했다. 그 결과 두 지역이 유사한 전통을 따르면서도 세부적인 부분에서 차이점을 나타낸다. 이러한 차이는 과거에는 분명하게 구분되었지만 오늘날의 바틱에서는 명확하게 구분되지 않는다.

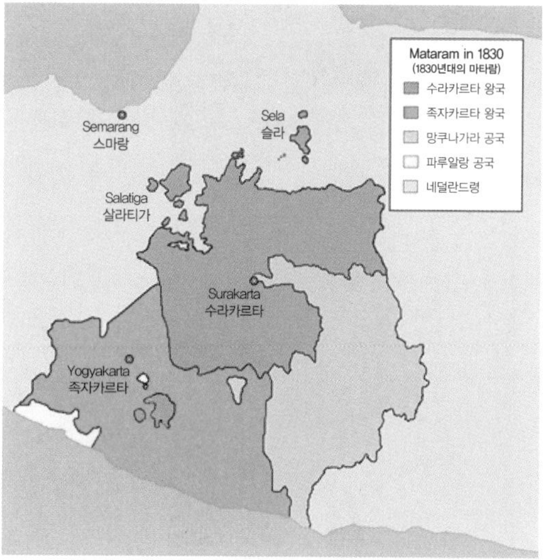

그림 4-1 마타람 왕국의 분열[13]

솔로의 바틱 마을: 캄풍 라웨얀(Kampung Laweyan)과 캄풍 카우만(Kampung Kauman)

인도네시아 바틱의 정수이자 본고장인 수라카르타에는 2백 년 이상 바틱에 특화된 두 마을이 있는데, 하나는 캄풍 라웨얀이고 다른 하나는 캄풍 카우만이다. 이 마을들은 수공품 바틱을 만드는 장인들의 거주지이자 바틱 유통이 활발하게 이루어지는 바틱 산업의 중심지였다. 서구식 의상의 유입과 시시각각 변하는 패션의 흐름을 따라가지 못해 한때 쇠락의 길로 접어들었던 두 마을은 최근 지방정부의 적극적인 지

그림 4-2 카우만 마을

원으로 바틱에 특화된 문화 관광지로 거듭나고 있다. 보행자들이 편안하게 걸을 수 있는 '바틱 거리'와 바틱을 직접 만들어 볼 수 있는 체험 프로그램 등을 도입하고 주변의 건축물과 거리를 재정비하였다.

수라카르타 시내 중심에 위치한 카우만은 수라카르타의 궁궐인 크라톤에 인접해 있다. 1800년대 중반에 형성된 카우만은 본래 궁궐에 종사하는 이슬람 성직자 혹은 관리와 그들의 가족들이 모여 사는 구역이었다. 과거에 이곳에서 왕족들이 착용할 바틱이 만들어졌다. 따라서 상업적으로 발달한 라웨얀과 달리 카우만은 바틱 툴리스와 고급 상품의 바틱 찹 생산에 특화되었다.

반면 수라카르타 시내로부터 약 4km 떨어진 라웨얀 마을은 1870년대에 형성되었는데, 카우만에 비해 상대적으로 인구가 적고 땅값이 저렴하다는 장점이 있었다. 따라서 넓은 바틱 공장을 세울 수 있었고, 추후에 바틱 공장을 확장하는 것도 상대적으로 쉬웠다. 더욱이 마을 중간에 개울이 흘러서 바틱 작업에 절대적으로 필요한 물 공급이 원활했다. 크라톤과 지리상의 거리뿐만 아니라 심리적 거리도 있었기 때문에 전통 바틱에 대한 엄격한 제한에 얽매이지 않을 수 있었다. 따라서 보다 상업적이고 저렴하면서 대량생산할 수 있는 바틱 찹에 주력할 수 있었다. 라웨얀 마을에는 자바의 전통 건축물뿐만 아니라 유럽, 중국, 아랍의 영향을 받은 다채로운 건물이 있다. 건물의 높은 벽과 그에 상반되는 좁은 골목은 라웨얀 마을에서만 느낄 수 있는 독특한 정취를 자아낸다. 1920~30년대 대부분의 자바인들이 보잘것없는 작은 집에서 생활했을 때 라웨얀에 있던 바틱 사업가들은 높은 담장을 가진 집에 거주했고, 일부는

그림 4-3 라웨얀 마을

말과 마차뿐만 아니라 미국산 자동차를 소유하기도 했다. 2004년 수라카르타시는 라웨얀을 바틱 마을로 지정하고 바틱 생산에 대한 법적 보호 장치를 제공하고 있다. 현재 215개의 바틱 모티프가 특허로 등록되어 있다.

그림 4-4 라웨얀 마을에 있는 바틱 공장

(2) 북부 해안 바틱

프시시르(pesisir)는 인도네시아어로 해안이라는 뜻이지만 해안이라는 지리적인 의미를 넘어서는 개념으로도 사용된다. 흔히 프시시르는 상대적으로 좁은 지역에 거주하는 사람들의 삶과 역사적 경험을 지칭하는 용어로 사용된다(Lee, 2007). 'batik pesisir'는 자바의 북부 해안과 함께 해안 지역이 아닌 가룻(Garut), 타식말라야(Tasikmalaya), 반유마스(Banyumas), 포노로고(Ponorogo) 등에서 만들어진 바틱도 포함한다. 따라서 'batik pesisir'의 정확한 의미는 '중앙에서 멀리 떨어진 지역의 바틱'이다(van Oss, 1996; Carey, 1996). 자바의 북부 해안은 중부 지역과는 사뭇 다른 문화를 가지고 있다. 해안을 중심으로 발달된 도시들은 이미 무역을 통해 다양한 외래문화와 교류를 했으며 많은 외국인이 거주했다. 외부인과 함께 들어온 언어와 문화가 현지의 것과 혼합되면서 다원화된 독특한 사회를 만들었다. 북부 해안에서 상업적인 바틱 공장은 주로 중국인, 중국인의 후예인 페라나칸, 그리고 혈통적으로 유럽인이나 아랍인과 혼합된 현지인들에 의해 운영되었다. 중부 자바의 바틱에서 지역에 따라 상이한 특징이 발견되는 것처럼 북부 해안의 바틱도 지역별로 각각의 특색을 지니고 있다. 이러한 차이는 그 지역의 고유한 문화와 삶의 양식에서 기인되기도 하지만 염색에 사용되는 물과 토양의 특성과 같은 보다 직접적인 요인에 의해 나타나기도 한다. 대체로 물에 염분과 철분이 많이 함유된 동부 지역의 바틱은 밝은 계통의 붉은색이 지배적이고 반대로 서부 지역은 짙은 색상이 주류를 이룬다. 양 지역의 중간에 위치한 스마랑(Semarang)은 색상에 있어서도 중간지점에 위치한다(Heringa, 1996). 아래에 북부 해안 바틱을 대표하는 지역의 특징을 정리했다.

그림 4-5 주요 바틱 생산지

프칼롱안(Pekalongan)

프칼롱안에서는 족자카르타, 수라카르타, 치르본 같이 전통을 중시하는 지역과는 사뭇 다른 형태의 바틱이 발달했다. 프칼롱안은 17세기에 형성된 도시로서 형성 초반부터 많은 이민자들이 정착하기 시작했다. 무역과 농사를 통해 빠르게 성장함에 따라 부유한 거주민들이 등장하고 자연스럽게 고급 직물이 발달했다. 바틱의 도시(Kota Batik)라는 별명을 가진 프칼롱안에서는 1850년부터 바틱의 산업화가 시작되었다. 자바인, 중국인, 아랍인으로 이루어진 약 20만 명의 주민이 다양한 형태로 바틱과 관련된 산업에 종사했다.

프칼롱안은 북부 해안에서 중국인과 네덜란드인의 영향을 가장 많이 받은 지역이다. 19세기 중엽부터 네덜란드 여성 바틱 제조업자들이 프칼롱안에서 자신들의 정서에 부합하는 꽃, 과일, 식물 등을 모티프로 삼아 바틱을 만들었다. 이들 중 가장 유명한 디자이너가 자위렌(E. van Zuylen)이다. 그녀의 이름은 바틱을 구분하는 하나의 범주(Batik Zuylen)로 인식되기도 한다. 중국인들은 이주 후 긴 세월이 흘렀음에도 불구하고 여전히 중국적 요소가 강한 바틱을 생산했고 바틱 산업에 주도적인 역할을 했다. 프칼롱안에서 처음으로 바틱 염색에 화학 염료가 사용되었고, 상업적인 용도로 찹이 도입되었으며, 일본 식민 지배 시기에 등장한 화려한 색상의 '자와 호코카이'가 생산되었다. 그 결과 프칼롱안의 바틱 제조업자들은 혁신적인 바틱을 만드는 것으로 평판이 나 있다.

치르본(Cirebon)

치르본은 북부 해안도시 중에서 유일하게 강한 궁중문화가 발견되는 곳이다. 치르본 바틱은 일부 중부 자바의 양식을 공유함과 동시에 치르본만의 독특한 양식을 만들었다. 치르본은 1378년 무슬림 지도자에 의해 건설되었지만 짙은 힌두교적 요소를 지니고 있다. 치르본에서는 옛 종교인 힌두교와 새 종교인 이슬람이 현지의 토속 신앙과 혼합되어 독특한 형태의 바틱을 탄생시켰다. 치르본 바틱은 중부 자바나 다른 북부 해안 지역에 비해 세부적인 정교함이 덜하지만 대담한 남성적인 터치를 가지고 있다. 이것은 동부 자바의 크디리(Kediri)

라는 힌두교 왕조에 존재했던 예능인 조합이 마을을 이동하며 예술행위 혹은 기능적인 일을 수행하는 사람을 남자로 한정하는 법을 만들었기 때문이다. 그 결과 대부분의 지역에서 여자들의 몫이었던 찬팅 작업이 치르본에서는 20세기 중반까지 전적으로 남자들에 의해 행해졌다.

치르본에는 카스푸한(Kasepuhan)과 카노만(Kanoma)이라는 두 개의 유명한 술탄의 궁궐이 있는데, 이슬람 신앙을 적용하는 엄격함의 정도의 차이에 따라서 바틱 모티프를 표현할 수 있는 자유로움이 달랐다. 카스푸한은 모티프에 더 엄격한 종교적 기준을 적용해서 일체의 동물 모티프 사용을 금했다. 반면 카노만은 상대적으로 더 자유로웠는데 동물을 표현할 때 바위, 꽃, 그리고 나무와 같은 형태로 변형해서 나타냈다. 대표적인 치르본 바틱 모티프로 메가믄둥(megamendung), 펙시나가리만(peksinagaliman), 명상을 위한 동굴, 궁궐의 정원, 물고기로 채워진 연꽃 연못, 바위 모티프 등이 있다.

인드라마유(Indramayu)

치르본 북쪽에 위치한 작은 어촌 마을인 인드라마유(Indramayu) 지역에서의 바틱 작업은 주로 어업에 종사하는 남편을 둔 아낙네들에 의해 행해졌다. 인드라마유에서는 바틱 작업의 노동집약적인 문제를 해결하기 위해 색상을 한두 가지만 사용하는 경우가 많았다. 인드라마유 바틱의 대표적인 색은 크림색 바탕에 테라코타색과 짙은 파란색이다. 인드라마유 바틱은 다른 지역에 비해 상업주의 영향을 적게 받은 반면, 중국의 영향을 많이 받았다. 중국의 영향을 받은 대표적인 모티프로 록찬(lokcan)이 있다. 록찬의 글자 그대로의 의미는 '푸른 실크'이지만, 이는 중국인의 상상에 바탕을 둔 새와 동물로 구성된 모티프를 지칭한다. 역시 중국의 영향을 받은 만자(卍字) 모양의 반지(banji)가 배경을 채우는 모티프로 즐겨 사용되는 것도 인드라마유 바틱의 특징이다. 인드라마유에서는 작업의 속도를 높이기 위해 큰 찬팅을 사용했고 여백에 모티프를 채우는 작업은 자주 생략됐다. 대신 빈 공백을 채우기 위해 점을 찍는 방법을 사용했는데, 무수히 많은 작은 점을 찍기 위해 츰플로겐(cemplogen)이라는 도구를 사용했다. 츰플로겐은 나무로 된 손잡이에 금, 은, 철로 된 침이 달려 있다. 이것을 사용해서 천에 도포된 왁스에 염색 성분이 스며들어 갈 수 있는 구멍을 뚫음으로써, 수많은 점을 찍는 효과를 얻을 수 있다. 이러한 방식으로 만들어진 바틱을 데르마욘(dermayon)이라고 부른다.

마두라(Madura)

자바 동부에 위치한 인도네시아 2대 도시인 수라바야에서 약 160km 떨어진 곳에 위치한 마두라 섬은 자바 중부의 영향을 받아 어두운 색조와 붉은빛을 띤 갈색 바틱으로 유명하다. 대부분의 바틱은 북서 해안에 위치한 탄중부미(Tanjung Bumi)라고 불리는 작은 어촌 마을에서 만들어진다. 바다에서의 다소 거친 삶을 묘사하고 있는 마두라 바틱의 특징은 대담성과 역동성이다. 일반적으로 중부 자바에 비해 정교함이 떨어지는 마두라 바틱은 거칠고 강인한 삶을 담아내기 위해 대담하고 강렬한 색상과 크고 눈에 잘 띄는 모티프를 사용한다. 1970년대까지 이곳에서 생산된 모든 바틱은 찬팅으로 만들어진 바틱 툴리스 제품이었다. 다른 지역과 비교했을 때 마두라 지역은 이슬람 영향이 매우 강하기 때문에 때때로 모티프에 나타난 새가 너무 단순화되어서 무엇을 의도한 것인지 잘 인식되지 못하는 경우도 있다.

라슴(Lasem)

라슴은 자바에서 중국인이 최초로 정착한 곳 중 하나다. 라슴을 기점으로 중국인들은 쿠두스(Kudus), 데막(Demak) 그리고 기타 지역으로 진출했다. 이곳에서 1870년부터 1942년까지 중국인 제조업자들에 의해 바틱 산업의 붐이 일었다. 중국 문화의 영향을 많이 받은 라슴에서 생산되는 바틱은 밝은 붉은색으로 유명하다. 붉은색으로 염색하기 위해 다른 지역의 바틱 제조업자들이 라슴을 찾기도 했다. 지금도 화인들이 많은 바틱 공장을 소유하고 있으며, 자바 여인을 고용해서 바틱 작업(왁스)을 한다. 전성기 시절에는 라슴에서 만들어진 바틱이 인도네시아 군도 전역으로 수출되었다. 라슴에서 만들어진 바틱을 라슴안(Laseman)이라고 부르기도 한다. 라슴에서 만들어진 바틱은 색깔에 따라 그 이름이 분류되는데, 기본적인 아이보리-흰색 바탕에 붉은 모티프는 방방안(bangbangan), 붉은색과 파란색의 모티프는 방비루(bangbiru), 붉은색, 파란색, 초록색은 방비루히조(bangbiruhijo)라고 불린다.

케렉(Kerek)

투반(Tuban) 근교에 위치한 케렉 지역에서는 바틱 작업의 상당 부분이 지금까지 전통적인 방식으로 진행된다. 현지에서 재배된 목화에서 수작업으로 실을 자아 만든 직물에 밑그림을 그리고, 대대로 전해지는 기술을 전수받은 중년 여성에 의해 염색 작업이 이루어진다. 바틱의 색상으로는 인디고를 사용해서 얻어지는 파란색과 멍쿠두(mengkudu)*에서 얻어지는 붉은색이 주를 이룬다. 바틱의 색상이 신분과 연관되기도 하는데, 일반적으로 색상이 짙으면 짙을수록 착용자의 신분이 높은 경향이 있다.

반유마스(Banyumas)

반유마스는 자바의 중남부에 위치한 소규모 도시로서, 이 지역의 바틱은 고급품으로 잘 알려져 있다. 검푸른 색상의 바탕에 붉은빛의 갈색과 금색이 대조를 이루는 것이 특징이고, 파랑 모티프가 즐겨 사용된다.

* 천연 염색에 사용되는 식물로서 붉은색을 얻기 위해 사용된다.

드막(Demak)과 쿠두스(Kudus)

두 지역의 바틱은 프칼롱안의 바틱과 유사하지만 전자의 소가(soga) 색상 및 갈색이 후자의 것보다 더 선명하고 붉은 빛깔을 띤다. 고급 바틱은 주로 화인들에 의해서 생산된다. 쿠두스 바틱의 경우 배경 모티프인 이센(isen)의 정교함으로 유명하다.

그레식(Gresik)

한때 주요 바틱 생산지였던 그레식은 주로 수마트라 지역의 시장을 겨냥해서 바틱을 생산했다. 이곳에서는 아랍의 제조업자들이 바틱 생산에 적극적이었는데, 이슬람적인 상징과 쿠란에서 인용한 글귀들이 새겨진 기도용 숄과 머리에 감는 천 등이 주로 생산되었다.

(3) 말레이시아 바틱

인도네시아와 말레이시아의 바틱 소유권 갈등이 본 연구의 주요 사안 중 하나이기에 말레이시아 바틱의 특징도 간략하게나마 살펴보고자 한다. 말레이시아 바틱은 자바 바틱을 모방하거나 자바로부터 이주한 장인들의 영향을 많이 받았기 때문에 본질적으로 모티프와 형식적인 측면에서 인도네시아 바틱과 큰 차이가 없다. 자바 바틱의 전반적인 모티프가 말레이시아 바틱에 영향을 미쳤지만 말레이시아인들은 특히 북부 해안의 화려하고 다채로운 색상의 바틱을 더욱 선호한다(Yunus, 2011).

말레이시아에서 바틱은 주로 동부 해안 지역에서 발전했다. 서남부 해안에 위치한 말라카(Malacca), 페낭(Penang), 조호르(Johor) 등에서 중계무역이 성행한 반면, 상대적으로 고립된 동부 해안 지역에서는 전통을 보존하면서 예술이 발달했다. 바틱 생산으로 유명한 지역으로 트렝가누(Terengganu)주와 클란탄(Kelantan)주가 있다. 두 지역 모두 찹을 이용해서 바틱을 생산하기 때문에 지역적인 큰 특색은 없지만 일반적으로 트렝가누의 바틱은 전통적인 자바식 사롱으로 유명하고 클란탄은 2~3m 크기의 전통 바틱이 아닌 18~20m 가량의 야드 단위의 바틱으로 유명하다. 19세기 후반부에 트렝가누의 통치자는 외국인 장인들이 트렝가누에 정착하는 것을 적극 장려했는데 그 결과 전문적인 장인들이 주민의 상당수를 차지한다. 또한 트렝가누와 클란탄에는 자체적인 면화 산업이 발달했고 19세기에 이곳에서 생산된 면화와 비단이 싱가포르와 방콕까지도 수출되었다.

19세기 초반 동부 해안 지역에서는 바틱의 초기 형태인 바틱 플랑이(batik pelangi)*가 등장했다. 이때 이미 자바 바틱이 이 지역에 존재했던 것으로 추정된다. 바틱 플랑이는 자바 바틱을 모방하면서 서서히 진화하기 시작했다. 나무로 만든 찹이 등장하면서 자바의 북부 해안 모티프를 모방한 바틱이 등장했다. 하지만 인도네시아에서 '바틱 찹'이라고 불리는 이 방식은 각각 트렝가누에서는 '바틱 트랍(batik terap)',

* 천의 일부분을 실로 묶음으로써 염색을 실시할 때 묶인 부분이 염색되지 않게 하는 초기적인 염색 형태로 홀치기 염색법에 해당된다.

클란탄에서는 '바틱 푸쿨(batik pukul)'이라고 불린다. 금속으로 만든 인도네시아식 찹은 자바의 바틱 장인들이 일자리를 찾아 말레이시아에 정착하면서 도입되었다. 하지만 말레이시아인들은 노동 집약적이고 상당한 인내심을 요구하는 찬팅을 이용한 바틱 툴리스에는 별 관심이 없었다. 고급 바틱 툴리스에 대한 수요는 주로 인도네시아의 프칼롱안에서 만들어진 바틱에 의해 충족되었다. 전반적으로 말레이시아 바틱의 특징은 자바 바틱에 비해 모티프가 크고, 형태가 단순하고, 색이 가볍고 화려하다.

2) 바틱 인도네시아: 대통령과 바틱 디자이너의 만남

앞에서 살펴본 것처럼 바틱은 본래 강한 지역색을 띠고 있다. 지역마다 선호하는 색상, 무늬, 염색법 등 고유한 특징이 있었을 뿐만 아니라 생산되는 지역의 이름에 따라 그 종류를 구분했다. '치르본 바틱', '인드라마유 바틱'처럼 지역 이름이 바틱을 구분하는 방법으로 사용되었다. 그렇지만 20세기 이후 서서히 지역적 특색이 혼합되는 현상이 나타났다. 과거에도 물론 다른 지역의 모티프를 응용하기도 하고 지역별 구분이 불분명한 경우도 있었지만, 분명 바틱 역사에서 지역을 완전히 초월하는 국민 바틱 개념은 1950년대 이후에서야 등장했다.

바틱이 국민을 대표하는 문화로 자리매김하기까지 가장 큰 공헌을 한 것 중 하나가 '바틱 인도네시아(batik Indonesia)'라고 생각된다. 1955년 수카르노 대통령이 바틱 제조업자로 유명한 페라나칸 가문의 후손인 하르조나고로*에게 국민적 바틱, 즉 '바틱 인도네시아'를 개발하기를 요구했다. '바틱 인도네시아'란 지역적 특색을 살리면서 한편으론 이러한 특색을 초월하는 전인도네시아적인 바틱을 의미한다. 하르조나고로의 증언에 따르면 수카르노 대통령은 "바틱 디자인에 통일성, 내셔널리즘, 낭만주의가 통합되어 반영되길 원했다"(Neneg Iskandar, 2008)고 말했다. 즉 종족과 지역에 구애받지 않고 모든 인도네시아인이 입을 수 있는 옷이 만들어지길 바랐다.

수카르노 대통령의 부탁을 받은 하르조나고로는 중부 자바의 전통문양에 자바 북부 해안의 화려한 색을 조화롭게 혼합하는 새로운 시도를 했다. 하르조나고로는 영감과 자료를 얻기 위해 족자카르타, 수라카르타, 프칼롱안, 라슴, 투반(Tuban) 지역을 여행했지만 별다른 성과를 얻지 못했다. 하지만 그는 찬추심(Tjan Tjoe Siem) 교수의 초대로 발리에 있는 독일 예술가인 발터 슈피스(Walter Spies)의 집에 머무는 동안 무희의 의상을 입은 싸움닭에 대한 영감을 얻었다고 한다. 그리고 즉각 수라카르타로 돌아와서 중부 자바의 전통문양과 북부 해안의 화려한 색상을 조화시켜서 '사웅갈링(sawunggaling)'이라고 불리는 싸움하

* 하르조나고로는 본명이 고 틱 스완(Go Tik Swan)이고, 인도네시아대학(Universitas Indonesia)에 입학하기 전까지 수라카르타에서 성장했다. 그는 대학에서 자바어와 역사를 공부했고, 전통 춤에도 관심이 많았다. 1955년 인도네시아대학 개교기념 행사로 대통령궁에서 전통 춤 공연을 가졌다. 그곳에서 고 틱 스완은 자바 전통 춤인 감비르 아놈(gambir anom)을 공연했다. 이것이 수카르노 대통령과의 첫 만남이었고 수카르노 대통령은 중국인의 후예이면서도 자바문화에 깊은 관심을 가지고 있는 젊은 청년에게 감명을 받았다. 그 후 하르조나고로는 대통령궁에서 개최된 대부분의 예술행사에 참여했다.

그림 4-6 하르조나고로의 사웅갈링(sawunggaling)[14]

는 공작 형태의 '바틱 인도네시아'를 만들었다. 하르조나고로는 중부 자바의 전통적인 색감인 어둡고 무거운 바탕색에 밝은 색상을 사용하는 보색대비 효과를 사용했다. 수카르노 대통령은 매우 기뻐하면서 그의 모든 바틱 제품을 구입하겠다고 공언했다. '바틱 인도네시아'는 그 후 전통 모티프에 새로운 색상과 모티프를 혼합하는 하나의 사조로 발전했다.

'바틱 인도네시아'는 하나의 상징적인 사건이지만 2차 세계대전에 의해 침체된 바틱 산업을 다시 활성화시키는 충분한 계기가 되었다. 1945년 이후 자바인들은 서양식 옷을 선호했고 대도시에서 바틱을 입는 경우는 흔치 않았다. 더욱이 자바의 인구증가를 완화시키기 위해 실시된 이주정책으로 자바 지역을 떠난 바틱 종사자들은 자신의 직업을 계속 이어 가지 못했다. 바틱을 생산하기 위해서는 양질의 면직물을 수입해야 했는데 상당수의 제조업자는 수입에 따르는 관세를 지불할 능력이 없었고, 완성된 바틱을 수출하기 위해 필요한 수출 허가증도 연줄이 없는 사람은 획득하기가 어려웠다. 설상가상으로 말레이시아나 싱가포르에서 생산된 바틱이 더 경쟁력 있는 가격에 판매되기 시작했다. 이처럼 어려운 상황에서도 '바틱 인도네시아'는 잊혀 가는 전통문양을 화려한 색상과 조화시킴으로써 바틱 시장에 새로운 바람을 불러일으키는 계기가 되었다. 바틱 제조업자들은 새로운 모티프를 모방해서 판매하기 시작했고 바틱은 점차 지역에 국한되지 않는 범국가적인 상징이 되었다.

한편 '바틱 인도네시아'의 바틱 산업에 대한 기여도와는 별개로 '바틱 인도네시아'가 지역적인 한계를 극복하고 인도네시아를 대표하는 대표성을 가지기에 충분한 요소를 가지고 있는지를 생각해 볼 필요가 있다. 하르조나고로가 중부 자바의 전통문양과 자바 북부 해안의 자율적이고 화려한 색상을 혼합해서 지역적 특색을 초월하는 바틱을 창조했다고 할지라도 '바틱 인도네시아'는 여전히 전(全) 자바적인 바틱일 뿐이지, 전(全) 인도네시아적인 바틱은 아니다.

자바의 중부 지방과 북부 해안을 혼합해도 인도네시아 군도 전체를 대표하는 대표성을 확보하기 위해서는 논리적 비약이 수반될 수밖에 없다. 그렇다면 논리적 비약에도 불구하고 수카르노 대통령은 왜 '바틱 인도네시아'가 인도네시아 전체를 대표한다는 집단적 기억이 생겨나길 원했던 것일까? 당시의 여러 가지 정황은 수카르노 대통령이 특정 지역에 국한되지 않는 국가 전체를 대표하는 상징적인 문화를 만들려고 했음을 짐작하게 한다. 무엇보다 단일 국민이라는 정체성을 확립하기 위해 구심점의 역할을 할 전통이 필요했다. 바틱은 분명 다른 전통문화에 비해 문화적으로나 상업적으로 비교우위를 점하고 있었고 가시적으로 표현될 수 있는 문화였다. 게다가 실천에 옮길 정치적 지도자가 바틱에 대한 개인적인 관심과 애정이 있었다. 테일러(Taylor, J. Gelman, 2009)의 설명에 따르면 국내적으로는 다양한 종족을 통합함으로써 정체성을 확립하고 대외적으로는 국제사회로부터 신뢰와 위신을 얻기 위해 의상을 사용했다.

4. '바틱 인도네시아'의 필요성

회상은 근본적으로 과거에 대한 기억을 재구성하는 것이고 그 출발점은 항상 현재다. 사건이 발생하고 일정한 시간이 흐른 후 그것을 회상하기까지의 잠복기간 중에 있는 기억은 잘 보존된 상태를 유지하는 것이 아니라 변화의 과정에 방치되어 있다. 그러므로 새롭게 구성되는 기억은 통찰이나 의지, 새로운 욕구에 의해 조정당할 수 있다(아스만, 2012). 근본적으로 전통의 발명은 현재의 필요를 충족하기 위해 과거의 연속성을 인위적으로 창출하는 것이다. 전통의 발명을 필요로 하는 주체는 정치 지도자 개인, 지역 공동체, 그리고 더 크게는 국가일 수 있다. 분석 수준을 달리하여 바틱이 국민 정체성을 구축하는 과정에서 어떤 시대적 필요를 충족시켜 주었는지를 살펴보면 왜 바틱 인도네시아가 필요했는지 이해하는 데 도움이 될 것이다. 기실 바틱과 관련해서 개인, 지역, 국가라는 분석 수준이 명확하게 구분될 수 있는 것은 아니다. 국가를 대표하는 정치 지도자 개인의 행동이 국가와 무관할 수 없듯 자바와 관련된 사건이 국가와 무관할 수는 없다. 서로 촘촘하게 얽혀 있는 관계이지만 분석의 초점을 어디에 더 두느냐에 따라서 세 가지 차원으로 구분해 설명하고자 한다.

1) 수카르노 개인적 차원

우선 만들어진 전통의 필요성을 살펴보기에 앞서 개인적인 차원에서 수카르노 대통령은 왜 바틱을 선택했는가? 하는 궁금증을 해결하기 위한 단서를 찾으려고 한다. 수라바야에서 태어난 수카르노 대통령은 1901년 무슬림이며 자바 지역의 하급귀족 출신의 교사인 아버지와 발리 출신의 힌두교 신자였던 어머니 사이에서 태어났다.* 수카

* 수카르노의 자서전(Sukarno: An Autobiography)에 따르면, 2차 세계대전 이전까지 발리에서는 외부인(다른 종족)과 결혼하는 것이 금지되었다. 더욱이 수카르노의 아버지(Raden Sukemi Sosrodihardjo)는 신지학(theosophy)에 관심이 있는 무슬림이었고 어머니(Idaju)는 힌두교 집안의 브라만 출신이었다. 따라서 두 사람의 결혼은 가출에 의한 비정상적인 형태의 결혼이었다.

르노의 출생과 성장배경은 그가 표방하는 특정 민족과 종교를 초월하는 행동에 영향을 주었을 것으로 추측된다(Brown, 2003; Pringle, 2010). 명목상 수카르노는 이슬람 신자였지만 그에게 더 많은 영향력을 행사한 것은 자바의 문화였다(Brown, 2003). 수카르노는 수라바야에서 네덜란드어를 사용하는 중등 과정 학교를 마치고 아버지의 옛 친구이자 당시 이슬람 민족주의 단체인 사레캇 이슬람(Sarekat Islam)의 지도자였던 초크로아미노토(Tjokroaminoto)의 집에서 기숙했다.** 초크로아미노토는 사레캇 이슬람 단체를 처음으로 조직한 사람은 아니지만, 1912년 수라바야 지부의 지도자가 되고 나서 대중을 이끄는 탁월한 지도력을 발휘했다.

사레캇 이슬람은 다양한 배경을 가진 구성원들로 구성되었는데 최초에 구성될 당시에는 중국 상인들의 경제적 세력 확장에 압박감을 느끼고 있던 자바 출신의 바틱 제조업자들로 구성된 이슬람 상인연합(Sarekat Dagang Islam)이었다. 당시 현지의 바틱 제조업자들은 화교·화인들과의 경쟁에서 밀려 그들에게 의존해야만 했고, 이러한 상황이 중국인들에 대한 적개심을 불러일으켰다. 게다가 중국인들은 신해혁명으로 인해 고취된 민족 의식으로 현지인들에게 거만하게 행동했다. 따라서 사레캇 이슬람의 처음 목적은 근본적으로 현지 상인들의 경제적 독립이었다. 그 방편으로 상인연합이 조직되었고 중국 상인들이

** 수카르노는 초크로아미노토의 15살짜리 딸과 결혼할 정도로 그와 매우 돈독한 관계를 유지했지만 1922년 그녀의 딸과 이혼하면서 관계는 서서히 멀어졌다.

만든 상품에 대한 불매운동이 전개되었다(Vandenvosch, 1931).

사레캇 이슬람은 조직이 확장됨에 따라 성격이 서서히 정치적으로 바뀌면서 내셔널리즘 성향의 단체로 변모하게 되었다. 사레캇 이슬람에서 이슬람이라는 단어는 점차 무슬림을 의미하기보다는 인도네시아 토착인을 중국인 및 네덜란드인 등 이방인과 구분하는 포괄적인 문화적 지표로 이해되었다. 초창기에는 네덜란드 식민 정부에 충성을 선언하고 분명하고 확실한 정치적인 목적 없이 시작되었지만 서서히 민족을 일깨우는 역할과 정치적인 성향이 가미되었다.

최초 바틱 제조업자들로 구성되었던 민족운동 단체인 사레캇 이슬람이 수카르노가 바틱을 국민문화로 이용하는 데 직접적인 영향을 주었다는 분명한 단서는 없다. 하지만 바틱 상인연합이 인도네시아 내셔널리즘 운동의 토대가 되었다는 측면이 그로 하여금 내셔널리즘에 있어서 바틱을 중시하도록 했을 가능성을 배제할 수 없다. 또한 간과하지 말아야 할 것은 당시 자바에서 바틱은 매우 중요한 상업이었고 바틱 상인들은 강력한 힘을 형성하면서 독립운동에 적극적이었다는 점이다. 수카르노는 수라바야에서 사레캇 이슬람을 통해 다수의 민족주의자들을 만날 수 있었다. 그중 특히 키 하자르 데완타라(Ki Hadjar Dewantara)의 타만 시스와(Taman Siswa) 교육 체제는 수카르노의 사고에 많은 영향을 주었다. 타만 시스와는 개혁주의 이슬람을 거부하고 새롭게 만들어진 네이션의 기본 철학으로서 자바의 문화를 채택했다(Ricklefs, 1993). 또한 수카르노는 그때 당시 다양한 서적과 사상

그림 4-7 망명생활 동안 수카르노 대통령이 머물렀던 생가, 엔데(Ende)

을 접하고, 사레캇 이슬람 신문 기사를 작성하고, 모임에서 연설을 하기 시작했다.

수카르노 대통령이 가장 직접적으로 바틱과 관련된 때는 대통령이 되기 전 네덜란드 식민 정부의 통제 하에서 망명생활을 하던 기간이었다. 그때 그는 생계를 유지하기 위해 직접 바틱을 포함한 직물을 판매했다. 자서전에 따르면 수카르노 대통령은 플로레스의 엔데(Endeh)라는 작은 마을에서 망명생활을 했는데 정부에서 주는 돈으로는 생활이 어려웠기 때문에 생활비를 마련하기 위해 반둥에 있는 직물 가게로부터 배편으로 보내 온 옷감을 가져다가 직접 행상 일을 하며 판매했다(Sukarno, 1965). 무엇보다 수카르노는 개인적으로 예술에 관심이 많았고 특히 바틱 애호가였다.

그러나 수카르노 대통령이 바틱 애호가였다는 사실과 실질적으로 바틱을 착용하는 것과는 별개의 사안이었다. 그는 의상에 있어 남성과 여성에게 이중적인 기준을 적용했다. 국민적인 바틱 디자인 개발을 장려하고 개인적으로 바틱을 좋아하는 것과는 별도로 인도네시아 남자는 서구식 의상을 입어야 한다는 확고한 신념을 가지고 있었다. 그는 "인도네시아 남자들이 바지를 입는 순간, 백인처럼 몸을 곧게 걸을 것이고, 봉건주의 상징을 허리에 두르는 순간, 영원히 몸을 낮게 구부릴 것이다"라고 말했다(Sukarno, 1965). 그는 또한 인도네시아가 이름도 얼굴도 없이 서양인들에게 굽실거렸던 과거의 옷을 벗기 위해

그림 4-8 1945년 8월 17일 국기 게양식

서 그리고 자신의 이전 주인과 동등하게 서기 위해서는 현대적 의상을 착용해야 한다고 주장했다. 하지만 그의 의상에 대한 철학은 인도네시아 여성에게는 그대로 적용되지 않았다. 그는 인도네시아 여성이 서구적인 의상을 착용하는 것보다는 전통적인 의상을 입는 것을 선호했다(Taylor, 2009). 수카르노는 정체성을 강화시키는 정책의 일환으로 카인 판장(하의)에 크바야 혹은 슬렌당(상의)을 갖춰 입는 것이 인도네시아 여성의 전통복장임을 선언했다(van Roojen, 2001).

수카르노 대통령의 의상에 대한 철학을 잘 보여 주는 한 가지 사례를 살펴보면, 1945년 8월 17일 자카르타에 있는 수카르노의 개인 자택에서 일본으로부터 독립을 선언하고 국기게양식을 거행했다. 이 행사를 촬영한 사진에서 수카르노와 당시 부통령인 하타는 서구식 양복과 페치(peci)*를 쓰고 있는 반면 사진에서 등을 돌리고 국기 게양식을 바라보고 있는 두 명의 여성은 전통의상인 카인과 크바야**를 입고 있다. 이 사진은 당시 여러 차례 게재되었고 그 후에도 역사적인 기록사진으로 사용되었다. 하지만 편집되지 않은 온전한 사진을 보면 전통의상을 입고 있는 두 명의 여성 오른쪽에 행사에 참여한 서구식 의상을 입고 있는 두 명의 여성이 더 있었다. 수카르노가 역사적인 사건의 현장에서 서구식 의상을 입은 두 여성을 제외시킨 것은, 남성은 현대적이고 정치적 권력을 표상하는 반면 여성은 전통과 과거와 결부된다

* 주로 무슬림 남성이 쓰는 모자이지만 인도네시아에서는 이 모자가 내셔널리즘을 상징하기도 한다.
** 크바야(kebaya)는 여성이 상의에 입는 전통의상으로 블라우스와 비슷하다.

그림 4-9a 서구식 의상을 입은 두 여인* 이 잘려진 사진[15]

그림 4-9b 편집되기 전의 본래의 사진[16]

는 그의 의상과 관련된 철학을 보여 주는 사례다(Taylor, 2009).

유사한 사례를 필리핀의 전통의상에서도 찾을 수 있다. 식민지 시절 인도네시아와 필리핀 양국 모두에서 발견되는 의상과 관련된 이분법은 남성을 근대, 정치적 권력, 양복으로, 여성을 전통, 정치적 권력의 부재, 민속의상으로 구분한다. 하지만 완전한 국가가 형성된 후 이러한 이분법에 변화가 생겼다. 이와 같은 현상은 필리핀에서 더욱 뚜렷하게 나타나는데 필리핀이 미국의 식민지였을 때 대등한 입장에서 지배국에게 독립을 요구해야 하는 남성은 전통의상인 바롱 타

* 왼쪽 편의 줄무늬 크바야를 착용한 여인이 수카르노 대통령의 부인 파트마와티(Fatmawati)다(Achjadi, 2003).

갈로그(barong tagalog)보다는 서구식 양복을 선택했다. 반면 정치적으로 중요한 역할을 부여받지 못했던 여성들은 전통의상인 테르노(terno)를 즐겨 입었다. 실제로 당시 친미(pro-America)라는 의미의 사조니스타(sajonista)라고 불린 근대적인 필리핀 남성은 의상에 있어서 미국식 스타일을 추구했던 것과 대조적으로 정치인들의 부인들은 공식적인 자리에서 주로 테르노를 입었다. 식민지 시절에 시작된 근대화는 남성에게 전통의상을 벗어던지는 것을 요구했다. 하지만 1970년대를 거치면서 전통의 수호자 이미지가 여성에서 남성으로 전환되면서 바롱 타갈로그는 필리핀 전역에서 인기가 높아진 반면 테르노는 특별한 경우에만 입는 전통의상으로 변했다. 전통의상에서 일반적인 정장의 개념으로 바뀐 바롱 타갈로그는 신랑이 결혼식에 즐겨 입는 의상으로 전환된 반면 신부들은 이제 테르노보다는 대부분 서구식 의상을 입는다(Roces, 2009).

인도네시아 전통의상의 권위자인 아흐자디 주디(Achjadi Judi)**에 따르면 수카르노 대통령은 일평생 단 한 번도 바틱을 착용한 적이 없다고 한다. 그러나 남성과 여성에 대한 그의 이중적인 잣대에도 불구하고 이와 같은 사례로부터 수카르노 대통령이 의상에 대한 명확한 철학을 가지고 있었다는 것과 바틱을 문화 정체성으로 만든 것이 우연

** 아흐자디 주디(Achjadi Judi)는 캐나다인으로 주인도네시아 캐나다 대사와 결혼하여 인도네시아로 이민했으며, 필자가 인터뷰했던 2013년에 이미 인도네시아에 50년 이상 체류하고 있었다. 바틱을 포함한 전통 직물과 관련된 책을 집필, 번역하였으며, 인도네시아 바틱을 유네스코의 인류무형문화유산으로 등재시키기 위한 프로젝트에 참여했다.

한 사건이 아니라 그의 의도된 행동이었음을 추론할 수 있다. 유명 바틱 디자이너인 이완 티르타에 따르면 수카르노 대통령은 네이션의 정체성은 반드시 문화적으로 증명되어야 한다는 생각을 가지고 있었다.

인도네시아의 초대 대통령 수카르노는 바틱의 예술적이고 문화적인 특징이 국민 정체성과 함께 인도네시아의 통일성의 메시지를 표현하는 기호(mark)가 되어야 한다는 개념을 도입했다. 미래의 바틱은 더 이상 바틱을 생산하는 특정한 지역에 의해 알려지는 것이 아니라 디자인과 색상 그 자체의 요소에 의해 인도네시아의 통일성을 반영하게 될 것이다.

이러한 개념을 현실화시키기 위한 첫걸음으로 수카르노는 전통적인 궁중 바틱 디자인과 해안 지역의 바틱 제작 방법을 통합했다. 그 후 인도네시아 전역의, 예를 들어 발리, 다약족, 그리고 파푸아, 텍스타일에 있는 직조방식으로 꾸며진 장식을 참조해서 디자인을 개발하게 되었다. 그 결과 수카르노가 '바틱 인도네시아'라고 명명한 바틱 스타일이 존재하게 되었고, 오늘날까지 바틱 인도네시아는 바틱 예술가와 사업가들이 바틱을 만들 때 영감을 주는 역할을 하고 있다(American Batik Competition).[17]

2) 자바 지역적 차원

지역적 차원으로 초점을 옮겨, 바틱이 다수 종족의 문화이고 정치

지도자의 상당수가 자바 출신임을 고려해서 접근할 필요가 있다. 항상 분리 독립의 잠재 가능성을 내포하고 있는 인도네시아에서 중심이 될 수 있는 종족 혹은 지역을 중심으로 타 종족과 지역을 통합시키기 위해서는 매개체가 필요했을 것이다. 즉 강한 문화적 힘을 가지고 있는 자바가 다른 지역을 동일한 문화권으로 통합하기 위해 국민문화가 필요했고, 국민문화를 만드는 과정에서 바틱을 이용한 것으로 해석될 수 있다. 제국주의나 식민주의라고 말할 때 흔히 연상되는 지배, 정복, 경제적 착취가 아니라 문화적인 지배과정(박지향, 2007)은 자바에서 다른 소수 종족으로 확산되는 내부적 식민주의로 간주될 수 있다.

자바문화의 특징을 살펴보면, 자바문화를 적극적으로 수호하려는 사람들은 인생에서 두 가지 목표가 있는데 첫째는 자신을 진정한 자바인으로 만드는 것이고, 그다음으로 타인을 자바인으로 만드는 것이다(Ayu Sutarto, 2007). 여기서 타인은 진정한 자바인이 되지 못한 자바인과 타 종족을 지칭한다. 또한 이들은 사람들의 행동을 종종 자바인 같은(Jawa), 아직 자바인 같지 않은(durung Jawa), 자바인 같지 않은(ora Jawa), 전혀 자바인 같지 않은(dudu Jawa)과 같은 네 가지로 구분하는 경향이 있다. 자바인들에게 '자바인처럼 행동하라'는 말의 의미는 예의바르게 행동하라는 것이다(Ayu Sutarto, 2006). 문화적인 지배뿐만 아니라 실질적인 자원착취에 대한 불만이 제기되기도 했다. 과거 네덜란드가 인도네시아의 자원을 착취해서 본국으로 운송한 것과 마찬가지로 수하르토 시절에도 자바의 경제발전을 위해 인도네시아 군도의 외부 지역으로부터 엄청난 양의 기름, 목재, 석탄, 금이 유입되었다. 이것은 네덜란드-인도네시아의 원거리 식민 지배에서 자바-외부 지역(Java-the Outer Islands)의 내부 식민 지배로 전환된 것이다(Runyan Curtis, 1998).

수카르노, 수하르토 두 대통령 모두 자바 출신임은 물론이고 상당수의 주요 정치인 역시 자바 출신이다. 수카르노의 21년과 수하르토의 32년 통치 동안 인도네시아 정부는 자바 지배 혹은 중심의 국가를 만들려고 노력했다(Taylor, 2003). 수카르노 대통령은 대중을 사로잡기 위해 자바의 전통, 이슬람, 자신이 변형한 마르크시즘을 혼합하는 데 재능이 있었다(Seekins, 1993; Ricklefs, 1993).*

수하르토 대통령은 그의 재임 시절(1967-1998) 자바문화가 성장할 수 있도록 다양한 여건을 조성했다. 바틱에 관해서는 영부인 시티 하르티나(Siti Hartinah)와 함께 바틱을 인도네시아 삶의 일부분으로 만드는 데 크게 공헌했다. 수하르토는 전임자인 수카르노와 달리 국제사회에서 인도네시아의 동등한 지위를 표방하기 위해 전적으로 양복에 의지하지 않았다(Taylor, 2009). 그의 재임 시절 바틱이 공식적인 모임에서 양복을 대신하여 정장으로 간주되는 조례가 제정되었고 자신이 직접 본보기로서 국가적인 행사에서 바틱을 입고 등장했다. 또한 수하르토

* 수카르노는 1926년 이슬람, 마르크시즘, 그리고 내셔널리즘은 독립이라는 대의적 명분 아래 하나로 통합되어야 한다는 일련의 글을 출판했다. 또한 그는 이슬람과 마르크시즘은 내셔널리즘의 하위에 위치되어야 한다고 주장했다(Ricklefs, 1993).

는 자바의 종교적인 신비주의에 깊은 관심이 있었는데 재임시절 정기적으로 그림자극인 와양 쿨릿을 대통령궁에서 공연토록 했다(Pringle, 2010). 수라카르타의 궁궐에서 성장한 시티 하르티나는 바틱에 대한 상당한 열정을 나타냈다. 그녀는 새로운 디자인을 바틱에 시도하는 것을 장려했다. 또한 자신이 직접 바틱으로 만든 크바야를 일상복으로 착용하는 본보기를 보였고 공식적인 자리에 항상 크바야에 슬렌당을 걸치고 등장했다. 당시 같은 부서 혹은 정당의 공직자 부인들은 서로 동일한 모티프와 색상의 크바야와 슬렌당을 착용하기도 했다.

수카르노가 국제사회에 대비(對比)하여 인도네시아인이라는 개념을 강조했다면 수하르토는 지역과 종족에 대비해서 인도네시아인들을 규정하려고 했다. 수하르토 집권 동안 특정 원주민과 지역의 특징을 규정하고 지역 혹은 소수 종족의 전통의상이라는 개념을 더욱 부각시키는 작업이 정부와 학교를 통해 이루어졌다. 잡지와 책에서 전통의상을 입은 원주민의 모습이 실리고 중산층의 출현으로 원주민과 전통의상을 입은 부족을 구경하는 국내 관광이 증가했다. 전통의상은 형형색색으로 장식되고 특정 지역의 문화와 자연환경에 적합한 것으로 포장되었다. 동시에 바틱 셔츠와 크바야는 국가적인 개념에 적합한 의상으로 상향 조정되었다(Taylor, 2009).

3) 인도네시아 국가적 차원

분석 범위를 국가로 확장해서 살펴보면 '바틱 인도네시아'는 인도네시아 건국이념으로 간주되는 판차실라(pancasila)* 와 국가 모토인 '다양성 속의 통일성(bhinneka tunggal ika)'과도 일맥상통하다고 할 수 있다(Achjadi, 1999) 다양한 소수 종족으로 이루어진 인도네시아의 특징을 살리면서 그 상위에 인도네시아를 하나의 국가로 묶어 주는 전통이 필요했다고 볼 수 있다. 바틱이 국민적인 문화로 확대될 수 있는 법적인 근거는 1945년도에 만들어진 헌법에서 찾을 수 있다. 1945년 인도네시아 헌법 13항 32조는 "정부는 인도네시아 국민문화를 발전시킨다(Pemerintah memajukan kebudayaan nasional Indonesia)"라고 명시하고 있다. 1945년에 만들어진 헌법은 전문과 본문 그리고 헌법 해설서**로 구성되어 있는데 헌법 해설서에서 32조(pasal 32)에 대한 자세한 설명을 찾을 수 있다.

> 국민문화는 전-인도네시아 국민의 정신적, 영적 활동의 노력의 산물이다. 인도네시아 전 지역에서 문화의 정점으로 간주되어지는 과거의 문화와 토착문화는 국민문화의 한 부분으로 간주된다. 문화 활동은 문명, 문화 그리고 통일성의 강화를 이끌면서, 인도네시아 국민문화를 증진시키고 풍부하게 하고 국민의 존엄을 높여 주는 외래문화의 새로운 요소를 배척하지 않는다.

* 판차실라는 다섯 가지의 원칙이라는 의미로 산스크리트 단어인 'panca(다섯)'와 'sila(원칙)'의 합성어이다. 다섯 가지 원칙은 ① 유일신 신앙, ② 정의롭고 문명화된 인간(성), ③ 단결된 인도네시아, ④ 인도네시아의 지혜에 의한 민주주의, ⑤ 인도네시아 국민을 위한 사회정의이다.

** 1945년에 만들어진 헌법에서 해설 부분은 헌법의 일부분으로 간주되었다.

'문화의 정점으로 간주되는 과거의 문화와 토착문화는 국민문화의 한 부분으로 간주된다'는 표현은 바틱이 국민문화가 될 수 있는 가장 확실한 근거를 제공해 준다. 바틱은 자바의 궁궐인 크라톤에서 발달된 고급 예술의 하나이면서 자바인들이 자랑스러워 하는 문화의 정점이다. 따라서 헌법에 의거하여 바틱은 인도네시아를 대표하는 국민문화가 될 자격을 갖추고 있다. 또한 문화 활동이 '통일성 강화를 이끌어야 한다'는 문장은 당시 국민문화의 필요성과 기능이 무엇인지를 알려 준다. '외래문화의 새로운 요소를 배척하지 않는다'는 부분은 문화에 대한 정부의 유연한 자세를 보여 준다.

국민문화의 필요성은 지배의 정당성과도 관련성이 있다. 기어츠에 따르면 지배의 정당성 문제는 오랜 기간의 식민 지배가 규모 면에서 전국적인 통치체제를 만들었지만 그 실제 양상은 그렇지 못한 인도네시아와 같은 국가에서 특히 대두된다. 소수의 엘리트가 다른 사람들을 지배하는 것을 정당하게 받아들이게 하기 위해서는 국가의 행위가 "친숙하고 이해 가능한 우리로부터 자연스럽게 출발하고 있는 것으로 경험"하게 하는 작업이 필요하다(Geertz, 1973)고 말했다. 기어츠는 이를 위해서 정부의 편에서도 국민의 편에서도 약간의 심리학적 속임수가 필요하다고 말한다. 독립 성취와 함께 따라온 엄청난 정치적 과업들 외에도 근대 정부의 제도들로부터 이국적 요소를 제거하는 작업이 필요했다. 기어츠는 독립 후 수카르노 대통령에 의해 자행된 상징을 만드는 행위를 상징조작(symbol-mongering)이라고 묘사하고 이러한 행위가 "국가와 사회 간의 문화적 간격을 없애기 위한 반의도적인 시도"이고 "국가를 토착적인 것으로 보이기 위해여 고안된 것들"이라고 주장한다(Geertz, 1973).

한편 독립 후 국가를 형성하는 과정에서 정체성을 구축할 문화가 필요했다는 점은 인도네시아라는 단일국가 구상의 태생적 배경과 연관시켜 생각해 볼 필요가 있다. 현재의 인도네시아 군도는 네덜란드 식민 지배 시절 이전에는 한 번도 하나의 정치체제로 묶여 있었던 경험이 없었다. 편의상 국가라는 개념의 정치적 단위를 전통적 동남아 세계의 묘사에 사용하지만 베트남을 제외한 동남아시아 대부분의 고대 왕국들은 근대적 개념의 국가와는 매우 이질적인 것이었다(오스본, 2003). 인도네시아의 국경은 식민지 통치자들에 의해 종족, 언어, 종교 등의 구분과 무관하게 임의로 정해진 것이다.

네덜란드의 식민 지배가 서로 이질적이고 한 번도 하나의 정치체제 속에 통합된 적이 없던 누산타라(Nusantara)* 세계를 350년 동안 동일한 지배체제 속에 놓이게 함으로써 인도네시아에 미약하지만 통일성의 씨앗을 심었다면, 3년 반 동안의 일본 식민 지배는 연방이 아닌 단일국가를 구상할 수 있는 조건을 조성해 주었다.** 국가를 대표하고 다양한 소수 종족을 하나로 묶을 수 있는 문화의 필요성의 대두는 인도

* 누산타라는 인도네시아어로 군도라는 뜻이다.

** 리드(Reid, 2011)는 인도네시아인의 일본화(Japanisation)에서 가장 중요한 점이 인도네시아 정체성의 공고화라고 말한다. 특히 언어가 중요한 역할을 차지했는데 네덜란드와 달리 일본은 인도네시아어 사용을 허락했다. 1942년 바하사 인도네시아(bahasa Indonesia)가 공용어가 되었다.

네시아가 연방체제가 아닌 단일국가(unitary state)체제를 추구하면서 더욱 절실했을 것으로 짐작된다. 인도네시아는 국가적 규모, 지리적인 특징, 종족과 언어의 다양성 등을 고려했을 때 아마도 단일국가체제보다는 연방체제가 더 적합했을 것이다(Reid, 2011).

2차 세계대전 종결 후 재 식민 지배를 위해 네덜란드 군대가 인도네시아 역사에 다시 등장하고 이와 함께 연방체제가 네덜란드로부터 강력한 지지를 얻었다. 부총독이었던 판 목(van Mook)은 자카르타가 국방, 통화, 외교 같은 중요한 사안에 대해서만 주권을 행사하는 연방이 가장 적합한 체제라고 주장했다. 그의 주장은 자바를 제외한 지역에서 상당한 지지를 얻었다. 특히 식민지 시절 네덜란드와 긴밀한 관계를 유지한 기독교 전파 지역에서 큰 반향을 불러일으켰다(Brown, 2003). 네덜란드는 인도네시아 혁명기 동안 연방 결성에 대한 강력한 의지를 보이면서 인도네시아 군도를 분할하여 자치국을 만들었다. 1949년 12월 27일 주권의 완전한 이양이 이루어지던 당시 인도네시아는 16개의 주로 구성된 인도네시아 합중국(Republik Indonesia Serikat)의 모양새를 갖추고 있었다. 하지만 자치주들은 당시 족자카르타에 위치했던 인도네시아 공화국에 서서히 흡수되었으며, 1950년 8월 17일 독립 선언 5주년을 맞이할 때 수카르노는 연방체제를 버리고 단일체제 국가 수립을 선언했다.

지금까지의 논의를 종합해 보면, 수카르노 대통령은 바틱에 대한 특별한 애정이 있었을 뿐만 아니라 의상에 대한 확고한 철학도 가지고 있었다. 또한 정체성이란 반드시 문화적으로 증명되야 한다는 생각을 가지고 있었다. 지정학적으로 자바는 인도네시아의 강한 공간으로서 타 공간을 문화적으로 지배하고 있고 정치 엘리트들 또한 그들의 통치 철학을 자바문화에서 찾았다(Totok Sarsito, 2006). 국가적으로 볼 때 여러 민족의 공존을 인정하는 연방제가 아닌 단일국가체제는 강력한 인도네시아인이라는 정체성의 필요성을 가중시켰다. 이러한 토대를 만들기 위해 정치 지도자는 이슬람이라는 종교보다는 강한 공간인 자바의 문화를 선택했다. 인도네시아 전 지역에서 문화의 정점으로 간주되는 지역의 문화는 국민문화가 될 수 있다는 1945년 헌법은 자바의 크라톤에서 꽃핀 바틱이 국민문화가 될 근거를 제공한다.

5장

말레이시아와의 갈등: 나의 것, 너의 것, 우리의 것(?)

외부에 적을 만드는 것은 내부의 정치 문제와 갈등을 봉합하고 공동체의 단결심을 고취시키는 효과가 있다. 때문에 자국민에게 경각심 혹은 공포심을 일으키는 적을 외부에 상정하는 것은 국민을 단결시키는 가장 간단하고 손쉬운 방법 중 하나이다. 통치자는 단결된 힘을 이용하여 자신의 권력을 공고하게 할 수 있다. 유사한 맥락에서 이웃한 국가끼리 공유된 문화의 소유권을 두고 경쟁하는 것도 해당 문화유산에 대한 개인적 선호 및 이해와 상관없이 그 문화유산을 지켜야 한다는 단결심 혹은 애국심을 고취시키는 효과가 있다.

말레이시아와의 바틱 소유권 갈등은 인도네시아 바틱 역사에 있어서 중요한 국면을 형성한다. 다소 역설적으로 들릴 수도 있겠지만 말레이시아와의 바틱 소유권 갈등은 인도네시아의 입장에서 긍정적인 결과를 가져왔다. 말레이시아와의 갈등에서 촉발된 바틱의 인류무형문화유산 등재 여부는 바틱 종주국이 인도네시아임을 밝히는 동시에 바틱에 대해 무관심했던 젊은 세대들을 일깨우는 계기가 되었다. 무엇보다 바틱 산업에 활기를 불어넣었고, 결과적으로 바틱을 인류무형문화유산에 등재시키는 결정적인 계기가 되었다. 외부적 관찰자 입장에서 한낱 염색법에 불과한 바틱의 인류무형문화유산 등재가 얼마나 큰 의미가 있을까? 하는 의구심을 가질 수 있다. 필자도 바틱을 연구하기 전에는 언론의 지나친 과장이 아닐까라는 생각이 들었다. 하지만 인도네시아와 말레이시아의 역사적 관계를 이해하고, 그들의 입장에서 바틱의 유네스코 등재를 들여다보면 그 의미가 사뭇 다름을 알 수 있다. 더욱이 바틱이 인류무형문화유산으로 등재된 2009년을 전후로 말레이시아와 인도네시아는 다양한 문제를 두고 첨예하게 대립했다.

1. 갈등의 발단

인도네시아와 말레이시아의 바틱에 관한 마찰은 2000년대 초반부터 있어 왔지만,* 이러한 마찰이 실질적 행동으로 이어지게 된 계기는 2005년 12월 5일에서 6일까지 자카르타의 아세안 사무국에서 열린 제1회 아세안 전통 직물 심포지엄(Asean Traditional Textiles Symposium)**에서의 말레이시아 참가자의 발표내용이었다. 아흐자디 주디의 주장에 따르면 심포지엄에 참여한 술라이만 압둘 가니(Sulaiman Abdul Ghani)의 발표내용이 자신의 심경을 불편하게 만들었고, 그에 따라 그녀는 그의 주장을 반박하는 공개서한을 작성했다(인터뷰 Achjadi 2013/02/2). 아흐자디 주디와의 인터뷰, 공개서한, 그리고 술라이만 압둘 가니의 발표내용을 토대로 인도네시아와 말레이시아의 바틱에 대한 근본적인 입장

* 말레이시아가 바틱이 자국의 문화라고 주장한 것은 1970년대부터다. 하지만 바틱으로 인해 인도네시아와 본격적으로 갈등이 생긴 것은 2000년대 이후다.

** 2005년 인도네시아의 전통 텍스타일 협회인 Himpunan Wastraprema의 주최로 '21세기의 새로운 방향(21st century New Direction)이라는 주제로 자카르타에서 개최되었다.

차이가 무엇인지 정리해 보면 다음과 같다.

아세안 전통의상 심포지엄에 참가한 말레이시아의 마라 기술대학(University Teknologi MARA)의 바틱국제연구소 소장인 술라이만 압둘 가니는 바틱이 말레이시아의 전통의상이며 말레이(Malay)족의 문화유산이라고 주장했다.

> 바틱은 전통적인 말레이시아의 의상이다. 이 의상은 말레이문화와 동의어다. 이것은 말레이문화유산의 기능적인 일상적 사용을 나타낸다. 그것의 독특한 디자인으로 인해 바틱은 공식적인 예식의 정식 복장으로 인정된다. 바틱은 말레이문화유산이며, 특별히 말레이시아의 자긍심의 주요한 상징의 전령이다(Sulaiman Abdul Ghani, 2005).

행사가 끝난 후 아흐자디 주디는 그의 주장을 반박하는 공개서한을 작성해서 술라이만 압둘 가니뿐만 아니라 인도네시아의 여러 바틱 전문가와 관련자들에게 보냈다. 다음은 그녀의 공개서한의 일부분을 발췌한 것이다.

> 역사는 좋은 것이다. 하지만 정체성과 마찬가지로 그것은 자신의 것이어야만 하지 남의 것으로부터 빌린 것이 되어서는 안 된다. … 그래서 양국 모두는 마자파힛에서 그들의 정치적 기원을 찾을 권리가 있다. 하지만 우리는 그 시대에 바틱이 만들어지고 사용되었

다는 기록을 보유하지 못하고 스리위자야 시대에 만들어졌다고 생각할 근거도 없다. … 생각해 보건대 내 마음을 정말 어지럽게 하는 것은 한 사람이 자신이 잃어버렸다는 사실조차도 인지하지 못한 상태에서 자신의 정체성의 핵심 부분을 상실했다는 것을 깨닫는 것이다. 나는 신용카드 사기에서 이러한 경우가 발생하는 것을 들은 적은 있지만 국가적인 상황에서 그것도 국가의 정체성으로 너무나 잘 알려진 자바 바틱에서 일어나는 것은 결코 들어 본 적이 없다 (Achjadi, 2006).

바틱이 인류무형문화유산으로 지정되던 2009년도를 전후로 두 나라의 국민적 감정이 첨예하게 대립되는 다양한 사건이 전개되었다. 인도네시아 신문 사설란에는 말레이시아를 맹렬히 비난하는 글이 쇄도했고 성난 인도네시아인들은 말레이시아를 'Maling(도둑)-sia'라고 부르고 일부 지역의 자경단원들은 말레이시아와 전쟁을 치르겠다고 주장했다. 심지어 그해 6월에는 말레이시아 국방부 장관이 겉으로 보이는 것과 달리 지금 두 나라는 전쟁 직전의 상황에 놓여 있는 것이 아니라고 설득하는 지경에 이르렀다.

양국의 갈등은 표면에 드러나는 것과는 달리 수면 아래에 있는 정치, 경제, 역사, 문화가 서로 얽혀 있는 복합적인 사안이다. 인도네시아와 말레이시아의 갈등은 비단 바틱에만 국한되지 않는다. 2000년대 초부터 문화 소유권에 대한 마찰이 끊임없이 지속되었다. 바틱에 앞서 인류무형문화유산으로 등재된 와양 그림자극과 크리스의 등록 과정에서도 말레이시아와 서로 소유권을 주장하는 갈등이 있었고 바틱 다음으로 문화유산 등록을 추진하고 있었던 대나무로 된 전통 악기 앙클룽(angklung) 역시

그림 5-1 시위에 사용된 말레이시아 비난 문구[18]

말레이시아와 마찰이 불가피한 상황이었다.* 과거 인도네시아 사람들은 두 나라의 관계를 형님(abang)-동생(adik)의 관계로 생각했었다(Holst, 2007). 하지만 말레이시아의 경제적 성장으로 인한 인도네시아의 시기와 질투, 인도네시아 노동자들이 말레이시아에서 받는 부당한 대우, 바틱 외에도 이미 존재했던 일련의 문화 소유권 갈등, 영토분쟁 등이 바틱을 둘러싼 당시의 주변 상황이었다. 사회적 현상으로 나타난 바틱 내셔널리즘(batik nationalism)은 이러한 갈등을 분출하는 통로로 해석될 수 있다.

* 앙클룽은 2010년에 유네스코 인류무형문화유산 목록에 등재되었다.

2. 인도네시아-말레이시아 갈등 사례

이웃 국가인 인도네시아와 말레이시아의 관계는 공통의 유대감(a common feeling of belonging)부터 상호협력(mutual cooperation), 그리고 철저한 적대감(outright hostility)까지 상황에 따라 다양한 양상을 띤다(Holst, 2007). 1963년부터 1966년까지 지속된 수카르노 주도의 '대결(konfrontasi)' 국면이 종식된 이후 양 국가는 정도의 차이는 있었지만 대체로 호혜적인 관계를 유지해 왔다. 하지만 21세기에 접어들면서 문화 소유권 갈등을 필두로 사회 여러 분야에서 빈번한 마찰을 빚고 있다. 두 국가의 외교관계가 최저점(nadir)에 도달한 1960년대에 사용되었던 '쳐부수자 말레이시아(ganyang Malaysia)'라는 구호가 다시 등장하고(Clark and Pietsch, 2014), 인도네시아 언론 매체는 말레이시아에 대한 원색적인 비난과 자극적인 보도를 일삼고 있다.

1) 문화 갈등

사회 전반에 잠재되어 있는 양 국가의 문화갈등이 어느 한순간에 발생하는 일회적인 것은 아니지만 대부분 특정 사건을 발단으로 불거져 나온다. 그리고 이러한 사건들은 대중매체를 통해 전국적으로 큰 반향을 일으키게 된다. 인도네시아 교육문화부 차관인 위엔두 누르얀티(Wiendu Nuryanti)에 따르면 지난 5년(2012년 기준) 동안 말레이시아 측에 의해 자국의 문화라고 주장된 인도네시아의 문화는 일곱 가지다.* 일곱 항목을 살펴보면, 말루쿠(Maluku) 암본(Ambon) 지방의 민요인 라사 사양(rasa sayang(e)), 동부 자바의 포노로고(Ponorogo) 지방의 전통 탈춤인 레옥(reog), 발리의 전통춤인 펜뎃(pendet), 자바의 전통 염색법인 바틱(batik), 순다족의 대나무 전통악기인 앙클룽(angklung), 말레이시아에서 바리오(Bario)라는 이름으로 판매되는 전통 쌀**, 북 수마트라(Sumatra)의 만다일링(Mandailing) 지방의 전통 춤인 토르토르(tortor)와 타악기인 고르당 삼빌란(gordang sambilan)이 있다(*Jakarta Post*, 2012/06/19).

위에서 언급된 항목들과 그와 관련된 갈등사례들을 구체적으로 살펴보면 다음과 같다.*** 먼저 2007년 10월 말레이시아 관광청이 해외용 관광홍보(Malaysia Truly Asia Campaign) 영상물에 말루쿠 암본 지방의 민요인 '라사 사양'****을 사용하자, 인도네시아 일부 국회의원들은 저작권 위반과 관련하여 인도네시아 정부가 말레이시아를 고소할 것을 고려해야 한다고 주장했다. 이에 대해 말레이시아의 문화예술부 장관은 라사 사양은 '말레이 군도'에 살던 조상들로부터 전해 온 노래

* 위엔두 누르얀티는 일곱 가지 사건을 발생한 순서에 따라 언급했지만 일부 사건의 경우 발생한 시점이 부정확하거나 시기를 언급하지 않았다. 따라서 필자가 조사한 자료를 토대로 먼저 발생한 사건 순으로 나열했다.

** 인도네시아에서는 바리오(Bario)가 동부 칼리만탄(Kalimantan)의 누누칸(Nunukan) 지방에서 생산되는 아단 크라얀(adan krayan)이라고 주장한다.

*** 쌀은 본 글의 핵심 주제인 문화와 직접적인 관련성이 적기 때문에 논의에서 제외한다.

**** 'Rasa Sayang'은 말레이어로 사랑의 감정(feelings of love)이라는 뜻이다. 인도네시아에서는 'Rasa Sayang'을 'Rasa Sayange'로 부른다.

이기 때문에 인도네시아 측이 작곡가를 밝히는 것은 불가능하다고 주장했다. 또한 말레이시아 관광부 장관은 라사 사양은 누산타라 군도(Kepulauan Nusantara)의 민요이기 때문에 인도네시아가 자신의 노래라고 주장할 근거가 없다고 반박했다(Bob, 2007).

레옥 포노로고의 경우, 라사 사양과 마찬가지로 기원에 대한 아무런 언급 없이 2007년 11월에 말레이시아의 관광 홍보 영상물에 사용되었고, 이에 대해 인도네시아가 이의를 제기했다. 레옥 포노로고는 동부 자바의 포노로고 지역의 전통 춤으로서 말레이시아에서는 '타리 바롱안(Tari Barongan)'으로 불린다. 무엇보다 레옥 춤에 사용되는 전통 탈의 중앙에 새겨지는 'Reog Ponorogo'라는 글자 대신 'Malaysia'를 새겨 넣었다는 사실이 포노로고 주민들을 격노하게 만들었다. 말레이시아 측에서는 레옥의 기원이 말레이시아임을 주장한 사실이 없다고 항변했지만, 2007년 11월 29일에는 약 천 명 가량의 인도네시아인이 화려한 전통의상을 입고 자카르타에 있는 말레이시아 대사관 앞에서 말레이시아를 규탄하는 시위를 벌였다. 시위는 수백 명의 레옥 포노로고 무희들의 공연과 행진으로 이어졌고 '말링시아(Malingsia)' 피켓이 등장했다. 말레이시아 대사는 시위자들을 향해 "말레이시아는 결코 바롱안이 우리나라(말레이시아)에서 유래되었다고 주장한 적이 없다"라고 항변했고, 말레이시아 정부는 12월 4일 홍보 동영상에서 문제가 되는 춤들을 삭제하기로 결정했다.

2009년에는 '신비로운 말레이시아'라는 다큐멘터리의 광고 영상에 인도네시아 발리 사원의 전통 춤인 펜뎃(pendet)*이 사용되면서 문제가 발생했다. 펜뎃의 경우는 다른 주변의 여러 상황과 맞물려 심각한 감정적 대립을 불러일으켰다. 인도네시아 정부는 국민들에게 자세한 경위를 파악할 때까지 감정적인 행동을 자제할 것을 당부했고, 말레이시아 정부에게는 구체적인 설명을 요구했다. 인도네시아 예술 학교(Institut Seni Indonesia Denpasar) 교수인 와얀 디비아(Wayan Dibia)는 광고 영상물에 등장하는 춤은 2-3년 전에 발리에서 촬영된 것으로 두 명의 무희는 자신의 학교 졸업생이라고 밝혔다(Andi Abdussalam, 2009).

이 문제에 대해 말레이시아 문화관광부 장관 야팀(Rais Yatim)은 공식적인 사과와 함께 문제의 영상이 싱가포르에 위치한 디스커버리 채널에 의해 제작된 것으로 정부와 무관한 것임을 주장했다. 같은 시기에 디스커버리 측에서도 문제의 영상물이 말레이시아가 아닌 독립된 기관에서 공급받은 자료임을 밝히고, 전체 영상에서 이 장면을 삭제하고 인도네시아 정부에 공식적으로 사과했다.

당시 문화관광부 장관이었던 제로 와칙(Jero Wacik)은 말레이시아 측의 사과를 받아들이기를 거부했는데, 그 이유는 이미 앞서 발생한 반복되는 문화 소유권 갈등을 생각해 볼 때 말레이시아 정부의 사과가 충분치 않았다는 것이다(Sagita, 2009). 인도네시아의 성난 군중들은 자카르타에 있는 말레이시아 대사관에 돌과 썩은 달걀을 투척했고,

* 펜뎃은 발리 지역의 성스러운 춤으로서 최근 행사나 관광객을 맞이할 때 환영을 의미하는 춤으로 이용되어 왔다.

'Ganyang Malaysia(쳐부수자 말레이시아)'를 다시 사용했다. 또한 거리에서 말레이시아인을 색출하기 위해 행인들을 멈춰 세워 검문을 실시했다. 발리의 덴파사르(Denpasar) 문화공원에서도 수십 명의 예술가와 수백 명의 시민들이 시위를 벌였다.

가장 최근에 발생한 북 수마트라의 만다일링(Mandailing) 지방의 춤인 토르토르와 아홉 개의 타악기로 구성된 고르당 삼빌란에 대해 살펴보면, 2012년 6월 14일 인도네시아 언론은 토르토르와 고르당 삼빌란*이 말레이시아의 국가문화유산법(「National Heritage Act」, 2005)에 의해 말레이시아의 문화유산으로 등록되었다는 것을 보도했다. 그 보도에 대해 말레이시아의 정보·소통·문화부 장관은 만다일링 지역의 춤과 악기가 2005년 국가문화유산법에 등록되었고 관광 홍보를 위해 이용했음을 인정했다. 라이스 야팀 장관은 말레이시아의 입장을 다음과 같이 정리했다.

> 자신들의 예술이 인정받고 등록되기 원한 쪽은 다름 아닌 만다일링 주민(이주민)들이다. 우리는 인도네시아 정부가, 말레이시아가 인도

* 아홉 개의 북으로 이루어진 전통 악기로서 결혼식, 귀족의 취임식, 귀중한 손님 접대, 그리고 장례식 같은 중요 예식에서 연주된다. 주로 의식적 기능을 수행했기 때문에 과거에는 공연에 앞서 나모라-나또라스(Namora-Natoras)라 불리는 라자의 승인을 받아야 할 뿐만 아니라 버펄로의 도살이 선행되어야 했다. 상당한 체력을 요하는 공연 중 일부 공연자는 황홀경에 빠지기도 했다. 하지만 서민들이 감당하기 어려운 비용과 버펄로의 부족으로 공연은 거의 중단되었다. 그 후 연주를 부활시키기 위해 공연에 수반되는 절차를 간소화시키자는 주장이 제기되었다. 1970년 이후로 고당 삼빌란은 만다일링 사람들의 공연 예술의 하나로 간주되기 시작했다(Lubis, 2001).

네시아의 예술을 삼키려고 한다는 억측 대신 이러한 사실을 고려하기를 희망한다. (그러나) 우리는 정말 인도네시아의 예술을 가로채려는 것도 그것을 우리의 것이라고 주장하려는 것도 아니다. 말레이시아 정부는 단지 국가 내에 이러한 예술의 존재와 보호의 필요성을 인정한 것이다(「Jakarta Globe」, 2012/09/20).

장관의 발언에 대해 인도네시아 측은 이전과 같이 감정적으로 반응했다. 특히 몇몇 국회의원들과 트위터 사용자들은 격한 표현을 사용해서 불편한 감정을 표출했다. 성난 군중은 자카르타에 있는 말레이시아 대사관 앞에서 말레이시아 국기를 불태우고 돌멩이를 투척했다. 말레이시아 정부는 6월 25일에 인도네시아 대리대사(代理大使)를 소환해서 폭력에 대한 우려를 전달했다. 2012년 7월 7일 양 국가의 협력방안 및 다른 여러 현안을 논의 차 인도네시아에 방문한 말레이시아 부총리 야신(Tan Sri Muhyiddin Yassin)은 말레이시아의 의도가 소유권을 주장하려는 것이 아니라 문화를 보존하려는 것임을 강조했다. 덧붙여서 문화유산으로 등록하는 것이 문화를 보존한다는 측면에서 인도네시아에게도 도움이 될 것임을 피력했다.

이상에서 살펴본 사례 외에도 말레이시아의 국가(國歌)인 느가라쿠(Negaraku), 2008년 인도네시아의 유네스코 인류무형문화유산에 등재된 그림자 극인 와양 쿨릿(wayang kulit), 전통 칼인 크리스(keris) 등을 포함한 대략 20개가 넘는 항목에서 문화갈등이 발생했다. 언론매체와 인터넷에서 언급되고 있는 문화갈등으로는 악기(gamelan, angklung), 직물(batik, ulos), 춤(reog ponorogo, tari pendet, kuda lumping), 음악(injit-injit, rasa sayang, soleram, sungai Garinggian, jali-jali, kakatua, anak kambing saya), 무기(badik tumbuk lada, keris), 고문서(Naskah kuno), 음식(rendang), 인형(wayang kulit) 등이 있다. 나열된 항목 중 일부는 인도네시아와 말레이시아뿐만 아니라 싱가포르와도 소유권 문제로 갈등을 빚기도 한다.

문화갈등의 일반적인 양상을 정리하면 다음과 같다. 먼저 말레이시아가 전통문화로 간주되는 문화의 일부를 상업적으로 사용하면, 이에 대해 인도네시아 측의 정치인 및 언론이 말레이시아에 의해 자국 문화가 '도용' 혹은 '절도'당했다는 감정적이고 자극적인 주장을 전개한다. 이 사실을 접하게 된 인도네시아 시민은 감정적으로 동요되고, 그중 일부 성난 군중은 물리적 폭력이 동반된 항의 집회를 결성하고, 종국에는 문화갈등이 국가적 감정 대립으로 치닫게 된다. 대체적으로 인도네시아 측은 말레이시아에 대한 원색적인 비난과 함께 자국 정부에게 재발 방지를 위한 강력한 대책을 요구하는 반면, 말레이시아 측은 상대방의 지나치게 감정적인 대응을 이해할 수 없으며 공유된 문화에 대한 일방적인 소유권 주장에 대해 납득할 수 없다는 입장을 표명한다.

2) 영유권 분쟁

영유권 문제는 식민 역사의 잔재, 경제적 이해득실, 그리고 영토의 자주권 같은 첨예한 사안들을 포함하고 있다. 인도네시아와 말레이시아는 상당한 길이의 국경선을 마주하고 있는데 이러한 국경선이 당사국 간의 합의로 이루어지지 않았다는 점이 영토 분쟁의 근본 원인이다. 인도네시아에서는 칼리만탄(Kalimantan)이라 부르고 일반적으로는 보르네오(Borneo)라고 알려진 거대한 섬의 동쪽 해안은 양국뿐만 아니라 필리핀까지 영유권 문제를 두고 갈등을 빚는 복잡한 지역이다. 서로의 주장이 상충하는 지역은 인도네시아의 북 칼리만탄(보르네오) 동부 해안과 말레이시아의 사바(Sabah) 주의 남동쪽에 위치한, 15,235 평방킬로미터의 석유와 천연가스가 풍부하게 매장된 암바랏(Ambalat) 지역이다. 'Ambalat'은 인도네시아 측에서 지칭하는 이름이고, 말레이시아에서는 동일한 지역을 ND6-ND7으로 부른다.

분쟁의 최초 발단은 1979년으로 거슬러 올라간다. 1979년 말레이시아 정부가 새로운 지도를 제작하면서 이 지역을 자국 영토로 설정했고, 1980년 중반부터 시파단(Sipadan)섬을 스킨 스쿠버를 위한 휴양지로 개발하기 시작했다. 인도네시아는 이러한 말레이시아의 행동을 영유권 침범으로 간주했다. 2002년 암바랏 지역에 있는 두 섬(Sipadan, Ligitan)에 대한 영유권 분쟁은 국제사법재판소에 정식으로 제소되었고, 2002년 12월 17일 말레이시아의 주권으로 인정되면서 종결되었다. 하지만 ICJ는 해양 경계선에 관해서는 어떠한 판결도 내리지 않았다. 그 결과 영토 분쟁은 지금까지 현재진행형이다. 영토와 관련된 매번의 실랑이마다 갈등은 국가적 감정의 고조를 동반했고, 2009년 5월

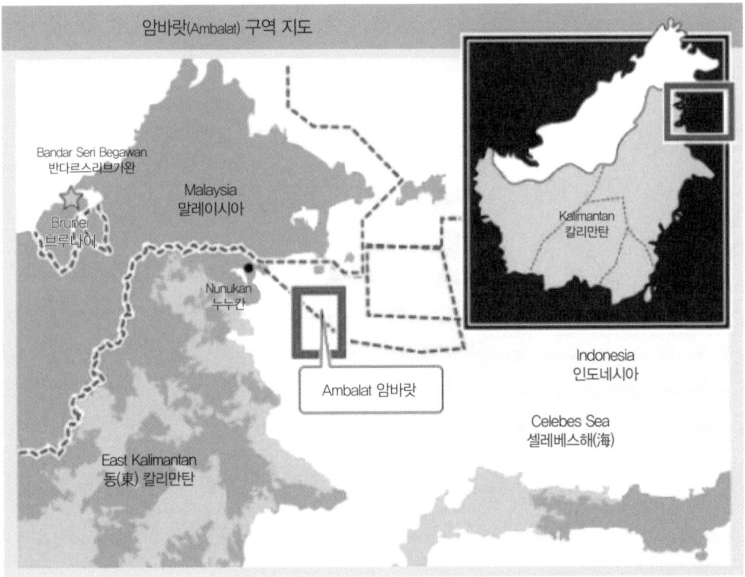

그림 5-2 유권 분쟁 지역-암바랏(Ambalat)[19]

25일 암바랏(Ambalat) 해역에서 인도네시아 군함이 말레이시아 군함을 몰아내는 사건이 발생했을 때 최고조에 이르렀다.

3) 사회적 갈등

복잡한 갈등 양상 중에서도 현실적으로 가장 감정의 골이 깊은 것은 이주 노동자 문제다. 말레이시아에서 실업문제가 대두되지 않고 중산층이 확산되던 마하티르(Mahathir) 수상 시절에는 전체 외국인 노동자의 $\frac{2}{3}$가량을 차지하는 미등록 노동자들이 큰 문제가 되지 않았다. 또한 말레이족과 비말레이족의 인구 비율에서 전자의 우세를 유지하기 위해 인도네시아와 필리핀의 이주 노동자를 환영하는 분위기였다. 말레이시아는 다수를 차지하는 말레이족 외에 중국과 인도로부터 이주해 온 이민자들로 구성된 다종족 국가이다. 이주 노동자들은 선거에서 말레이족에게 유리한 상황을 가져다주고 중국인과 인도인에 대한 인종적인 버퍼링(buffering) 역할을 담당했다. 또한 현지인이 기피하는 업종에 종사하며 노동력 부족을 메워 주었다.

하지만 자국민의 실업률이 증가하고 대학 졸업자들이 이주 노동자와 같은 분야에서 일하는 것을 기피하는 현상이 발생하자 이주 노동자에 대한 말레이시아 정부의 태도는 강경노선으로 선회되었다. 2002년 약 50만 명의 불법 노동자들이 본국으로 송환되었고, 그 과정에서 약 20만 명의 인도네시아 노동자들이 국경 근처의 수용소에 감금되었다. 2004년 말레이시아 정부는 '강력한 작전(ops tegas)'이라는 작전명으로 불법 노동자 문제에 보다 적극적이고 강력하게 대처했다. 말레이시아의 모든 사회적 문제의 발단이 불법 노동자로 인해 발생한다는 인식을 확산시키고 불법 노동자 근절을, 마치 화장실 사용 후 물을 내리는 것에 비유해서 '씻어 내기', 동물 사냥을 연상시키는 '불법 노동자 사냥', '전국적인 불법 노동자 소탕' 같은 비인격적인 용어를 사용해서 묘사했다(Holst, 2007).

인도네시아인들은 말레이시아에서 자국의 불법 노동자 문제가 자주 발생하자 과거와는 사뭇 달라진 경제적 위상을 실감하고 있다. 인도네시아 여성들이 말레이시아에서 가사도우미로 일하는 과정에서

부당한 대우를 받는 경우가 빈번하게 발생했다. 그 결과 2009년 인도네시아 정부는 자국민이 이러한 업종에 종사하기 위해서 말레이시아로 가는 것을 금했다. 이 조치는 안전, 근무 조건, 임금에 대한 사안에 대해 양국이 동의한 2011년 12월에 해제되었다. 일반적으로 말레이시아인들은 인도네시아인들에 대해 불법 노동자, 교육받지 못한 가정부, 범죄자라는 고정관념을 갖고 있는 반면 인도네시아인들은 말레이시아인들이 거만하고 우월의식을 갖고 있다고 인식하고 있다(Weiss, 2010).

인도네시아대학 커뮤니케이션 학부 강사인 아데 아르만도(Ade Armando)는 "말레이시아의 말레이(Malay)들은 항상 자바인들을 자신들에 비해 열등한 종족으로 간주하는데, 이것은 그들이 보는 대부분의 인도네시아인이 노동자이거나 가사도우미라는 사실에서 근거를 찾기 때문"이라고 말한다(Bob, 2007). 유사한 맥락에서 필자는 인도네시아 자카르타에 소재한 의대에서 공부하고 있는 네 명의 말레이시아 여학생을 인터뷰했다. 학생들은 어린 시절 부모님이 "인도네시아 노동자 근처에 가지 마라, 그들은 나쁜 병균을 가지고 있을 수 있고, 안 좋은 기운을 퍼뜨린다"고 종종 말한 적이 있다고 했다. 그 결과 그들은 자연스럽게 인도네시아인들이 자신보다 열등하다고 믿게 되었음을 인정했다. 그리고 인도네시아에서 유학을 하면서 어린 시절에 가진 생각이 잘못된 것임을 깨달았다고 덧붙였다.

말레이시아는 자국에서 행해지는 많은 전통문화가 실질적으로 인도네시아 군도에서 기원되었기 때문에 양 국가가 누산타라문화를 공유하고 있음을 인정하고 현재의 인도네시아 영토에서 기원되었다고 여겨지는 문화에 대해서는 다소 조심스럽고 수동적인 자세를 취한다. 하지만 말레이시아와 인도네시아라는 국가 패러다임 안에서는 자신들이 근본적으로 인도네시아보다 우수하다는 입장을 견지하고 있다. 예컨대 2006년 말레이시아 여성·가정·소통 장관은 이주해 온 인도네시아 보모가 자국의 아이들에게 미치는 영향력과 문화적 가치의 변화에 대해 조사하겠다고 발표했다. 그녀는 조사의 필요성에 대해 "지금 말레이시아에 대략적으로 40만 명의 가정부가 등록되어 있는데, 그중 4천 명을 제외하면 모두 인도네시아인이다. 아무래도 (이것은) 말레이시아 가정에 영향을 줄 수밖에 없다. 지금 그들(말레이시아 자녀들)은 인도네시아인처럼 말할 정도로 인도네시아 보모에게 매우 의존적이며, 모든 것을 보모에게 맡기고 있다. 이러한 이유 때문에 우리가 보모를 고용하는 것이 좋은지 나쁜지 조사할 필요가 있다"라고 설명했다(Star, 2006).

인도네시아 국민의 자존심에 상처를 입힌 또 다른 사건은 인도네시아계 10대 모델과 말레이시아 왕자가 등장하는 '마노드라마(Manodrama)'이다(Clark and Pietsch, 2014). '마노드라마'는 인도네시아 모델 '마노하라(Manohara Odelia Pinot)'와 '드라마'를 합성한 말로서 사건의 진위 여부와 상관없이 인도네시아 국민의 엄청난 공분을 샀다. 마노하라는 인도네시아계 미국인 10대 모델로서 17살 생일이 되기도 전인 2008년

8월에 말레이시아 클란탄 지역 왕자인 파크리(Fakhry)와 결혼했다. 그런데 마노하라의 주장에 따르면 약 1년 가까운 결혼생활 동안 남편이 그녀를 면도칼로 위협했고, 감금했으며, 마치 성노예처럼 취급했다고 한다. 그러던 중 마노하라는 2009년 6월 치료를 위해 싱가포르에 머물고 있던 클란탄의 술탄인 시아버지의 문병을 위해 방문했고, 그날 밤 호텔에 체류하고 있다가 현지 경찰과 미국 대사관 직원의 도움을 받아 자카르타로 탈출을 시도했다. 이 사건은 마노하라가 싱가포르를 경유해 자카르타로 탈출하기 이전, 이미 그녀의 어머니 파자리나(Daisy Fajarina)에 의해 언론에 알려졌다. 그녀는 딸이 감금되었고, 자신이 딸의 상태를 파악하기 위해 말레이시아에 갔으나 입국이 거절당했다고 주장함으로써 전 국가적인 관심사항이 되었다. 그녀의 탈출 감행이 있기 한 달 전인 2009년 5월 자카르타의 말레이시아 대사관 앞에서 '라스카르 메라 푸티(Laskar Merah Putih)'라는 민간경비대의 주도하에 시위가 벌어졌다. 이 시위에서 파자리나는 '마노하라를 위한 시'라는 제목의 시구가 쓰인 포스터를 들고 있었는데, 이 시를 번역하면 다음과 같다.

마노하라를 위한 시

이웃이여, 오! 이웃이여.
어떻게 이렇게 뻔뻔스러울 수 있지.
너는 나의 모든 것을 훔쳐 갔어.

너는 우리의 지난 우정을 기억하지 못하니?

왜 이렇게 뻔뻔스럽지, 나의 사랑?
나는 네가 나의 레옥 포노로고를 훔치도록 내버려 두었지!!
나는 네가 나의 구호를 훔치도록 내버려 두었지!!
나는 네가 나의 국경을 훔치도록 내버려 두었지!!
그런데 이제는 왜 나의 마노하라를 훔치려 하지?
내게서 훔쳐 간 모든 것으로 만족하지 못하니,
도둑 말레이시아야.

이 시는 인도네시아인들이 가지고 있는 말레이시아에 대한 불편한 감정을 잘 반영하고 있다. 문화(레옥 포노로고), 영유권 문제, 그리고 말레이시아에 거주하는 인도네시아인들의 부당한 대우, 즉 노동자 문제를 모두 포함하고 있다. 말레이시아를 이웃이라 부르는 것과 '우정을 기억하지 못하니'라고 표현하는 대목은 함께 공유하고 있는 역사를 가지고 정서적으로 서로 친밀감을 느끼고 있음을 시사하고 있다. 하지만 말레이시아를 도둑으로 묘사하는 것과 그런 말레이시아를 '나의 사랑'이라고 부르며 비꼬는 대목은 두 국가가 애증의 관계에 있으며 인도네시아가 피해국이라는 것을 상정하고 있다.

이상에서 살펴본 것처럼 문화갈등에 대한 인도네시아의 감정적 대응은 다른 분야의 사회적 갈등 요인과 서로 관련성을 가지고 있다.

문화갈등이 어떤 특정한 사건을 발단으로 불거져 나올 때마다 관련된 문화유산뿐만 아니라 사회 기저에 잠재되어 있던 불만 요소들이 다시 수면 위로 떠올라 국민적 감정을 자극하게 된다. 요컨대 인도네시아에서 문화갈등은 사회에 팽배해 있는 말레이시아에 대한 불만, 증오, 질시와 결합되어 불만을 표출하는 통로로 이용되기도 한다.

3. 하나의 뿌리- 두 국가

1) 누산타라(Nusantara)문화권

식민 지배 이전 인도네시아와 말레이시아는 동질성과 응집성에서 정도의 차이는 있었지만 동일한 문화권에 속했다. 본래 두 나라는 지금의 필리핀, 브루나이, 싱가포르를 아우르는 군도라는 의미의 누산타라(Nusantara)문화권에 속했다. 현재 '인도네시아'와 '말레이시아'는 명확하게 구분되는 개념이지만 과거 '믈라유(Melayu)'와 '자와(Jawa)'는 서로 배타적이지 않을 뿐만 아니라 명확하게 구분되는 개념이 아니었다. 무역을 위해 동남아에 온 아랍 상인들은 말레이반도와 인도네시아 군도에 거주하던 사람들을 구분하지 않고 '오랑 자위(orang Jawi)'라고 불렀다. 하지만 포르투갈인들이 진출하면서 '말레이(Malays)'와 '자바(Jaos)'는 뚜렷하게 구분된 개념으로 사용되기 시작했다(Riwanto

Tirtosudarmo, 2005). 인도네시아-말레이시아 관계에 정통한 학자인 리오(Joseph Chinyong Liow)는 인도네시아와 말레이시아의 관계를 '피를 나눈 형제 사이' 혹은 '스룸푼(serumpun)'이라는 어휘를 사용해서 표현한다. 스룸푼이라는 단어는 동일한 혈통 혹은 가계를 뜻한다. 그러나 이러한 혈족관계는 상업적 이익을 찾아 침입해 온 유럽 세력들에 의해 영토가 자의적으로 구획되고 식민지로 분할되면서 경계 구분이 명확하고 배타적인 성격으로 변모했다.

일본은 태평양전쟁 기간 중에 인도네시아를 약 3년 반 동안 지배했는데, 이 기간 동안 진행된 독립준비 과정에서 인도네시아 엘리트들의 말레이 반도에 대한 태도는 바틱을 비롯한 현재 양국이 보여 주는 일련의 문화갈등과는 사뭇 달랐다. 1944년 10월을 기점으로 일본군의 세력이 급속하게 약화되었고 그에 따라 식민 통치 청산과 전후 철수 문제를 고려하면서 인도네시아에게 주권을 넘겨줄 준비를 시작했다. 1945년 3월 일본은 인도네시아독립준비조사위원회(BPUPKI)의 설립을 공표했다. 그리고 그해 5월 말 첫 모임을 개최했다. 그 후 위원회를 통해 최초의 헌법을 입안하고 영토에 대한 정의도 확립했다. 영토를 정의하는 과정에서 독립을 이끌었던 지도자들은 45:19로 말라야(서부 말레이시아의 옛 이름), 영국령 보르네오, 그리고 포르투갈령 티모르까지를 포괄하는 '대인도네시아'를 만드는 것에 찬성했다.

또한 1963년 실질적인 목적은 말레이시아 연방의 확장을 견제하려는 의도였지만 명목상으로나마 말레이계 국가 간 협력을 도모하기 위해 인도네시아, 말레이시아, 필리핀 삼국이 '마필린도(MAPHILINDO)'라는 동맹을 구상하기도 했다. 그러나 얼마 지나지 않아 말레이시아가 사바(Sabah), 사라왁(Sarawak), 싱가포르를 포함한 대말레이시아 연방 결성을 강행함에 따라 실효를 거두지는 못했다. 1963년 수카르노 대통령은 영국 주도의 말레이시아 연방을 신제국주의의 위협라고 맹비난하면서 소위 '말레이시아 대결정책(Konfrontasi Malaysia)'이라는 대립각을 세웠다.

말레이시아 연방 형성은 스스로를 말레이 세계의 새로운 지도자로 간주한 수카르노의 신경을 거슬리게 하는 복합적인 요소들을 내포하고 있었다. 영국이 이 지역에서 지배권을 행사할 수 있다는 제국주의적 위협, 인접한 이웃에 연방으로 이루어진 국가가 형성되는 것, 무슬림에 의해 통치되는 정권이 성립되는 것 등이 골칫거리로 작용했다. 이러한 요인들은 당시 인도네시아 내에 단일국가가 아닌 연방체제와 무슬림이 통치하는 정권을 옹호하는 세력이 많이 있었기 때문에 수카르노에게는 큰 부담으로 작용했다(Taylor, 2003). 말레이반도에 대한 인도네시아 지도층의 태도는 그것이 자국만을 위한 정치적인 목적이라고 할지라도 적어도 수카르노가 공식적으로 말레이시아와 대립각을 세우기 전까지는 두 지역(현재의 인도네시아-말레이시아)이 하나의 국가로 통합되어야 한다는 구상을 견지하고 있었음을 보여 준다.

2) 공유된 문화

2009년 10월 2일 바틱은 인도네시아의 그림자극인 와양(wayang)과 전통 칼인 크리스(keris)에 이어 세 번째로 유네스코 인류무형문화유산 대표목록으로 지정되었다. 유네스코는 바틱을 인류무형문화유산으로 선정한 이유를 다음과 같이 설명한다.

> 대표목록의 등재는 바틱의 가치에 관한 의식을 고취시키고 바틱 종사자들로 하여금 바틱 제작활동을 지속토록 동기를 부여함과 동시에 지역적, 국가적, 국제적 차원에서 인류무형문화유산의 실천을 보장할 것으로 기대된다.
> 정부, 비정부기구, 지역차원의 바틱협회 같은 다양한 행위자가 바틱에 대한 의식고취, 능력개발, 교육활동을 포함한 문화보호 조치를 공동으로 실천하고 이러한 노력을 지속하려고 한다.

2009년 바틱이 유네스코의 인류무형문화유산으로 등재되었을 당시의 인도네시아인들과 언론이 보여 준 행동은 마치 자신들이 말레이시아와의 대결에서 승리한 것 같은 착각을 불러일으킨다. 하지만 바틱의 '인류무형문화유산 대표목록' 등재 자체는 상징적인 의미일 뿐이다. 유네스코의 결정과 관련해서 명확하게 짚고 넘어가야 할 것은 유네스코가 바틱을 인류무형문화유산으로 지정한 것과 인도네시아의 바틱문화에 대한 소유권 주장은 별개의 사안이라는 것이다. 외형적으로 나타나는 것과는 다르게 인류무형문화유산 등재 자체는 바틱이 인도네시아만의 문화라고 주장할 근거가 될 수 없다. 조금 더 명확하게 말하자면 인도네시아가 바틱이 자국의 문화임을 주장할 수는 있지만, 그렇다고 말레이시아의 바틱이 그들의 것이 아님을 주장할 근거를 획득한 것은 아니다.

유네스코 등재와 관련하여 오해할 소지가 있는 것은 양국 모두가 유네스코에 바틱에 대한 인류무형문화유산 대표목록 신청서를 제출하고 심의과정을 거쳐 인도네시아의 신청서가 채택되었다고 생각하는 것이다. 하지만 이것은 사실이 아니다. 대략 1970년대부터 말레이시아 측에서 바틱이 자국의 문화라고 주장하고 2000년대 초부터 이로 인해 양국이 갈등을 빚어 온 것은 사실이지만 말레이시아는 유네스코에 바틱 등재 신청서를 제출하지는 않았다. 말레이시아는 인도네시아의 바틱이 인류무형문화유산으로 등재되고 나서 자국의 바틱에 대한 등재신청 여부를 검토하겠다고 밝혔다. 이에 대해 인도네시아의 제로 와칙 문화관광부 장관은 "말레이시아는 더 이상 바틱을 자신의 문화라고 주장할 수 없다. 그 이유는 이미 인도네시아가 자신의 것이라고 증명했기 때문이다. 만약 말레이시아가 유네스코의 결정에 반박하고 싶으면 그렇게 하라. 하지만 자신의 창조물로 시도하는 것이 나을 것이다"라고 반박했다(Tumengkol Avian, 2009).

하지만 유네스코의 협약과 인류무형문화유산에 대한 정의를 엄밀히 살펴보면 인도네시아의 주장은 사실이 아님을 알 수 있다. 2003년

10월 유네스코 제32차 총회에서 채택된 인류무형문화유산 보호 협약* 의 제1장 1조의 협약의 목적은 다음과 같다.

가. 인류무형문화유산의 보호

나. 관련 공동체·집단 및 개인의 인류무형문화유산에 대한 존중의 보장

다. 지방·국가 및 국제적 수준에서 인류무형문화유산의 중요성 및 이러한 유산에 대한 상호 존중을 보장하는 것의 중요성에 대한 인식 제고

라. 국제적 협력 및 원조 제공

그리고 협약의 목적에 따라 인류무형문화유산의 뜻을 다음과 같이 정의한다.

인류무형문화유산이라 함은 공동체·집단과 때로는 개인이 자신의 문화유산의 일부로 보는 관습·표상·표현·지식·기능 및 이와 관련한 도구·물품·공예품 및 문화 공간을 말한다. 세대 간 전승되는 이러한 인류무형문화유산은 공동체 및 집단이 환경에 대응하고 자연 및 역사와 상호작용하면서 끊임없이 재창조되고 이들이 정체성 및

* 2003년 10월 채택되고 47개국의 비준을 통해 2006년 4월에 발효가 되었다.

계속성을 갖도록 함으로써 문화적 다양성과 인류의 창조성에 대한 존중을 증진한다.[20]

협약에서는 인류무형문화유산의 지정이 특정 문화에 대해 배타적 소유권을 갖는다고 해석될 근거를 찾을 수 없다. 협약의 목적은 공동체·집단 및 개인의 인류무형문화유산의 보호와 존중, 그리고 중요성에 대한 인식의 제고(提高)이고 이를 위해 국제적인 원조나 협력을 제공하는 것이다. 제1장 2조의 정의에서 주목할 부분은 '공동체 및 집단이 환경에 대응하고 자연 및 역사와 상호작용하면서 끊임없이 재창조되고', '문화적 다양성과 인류의 창조성에 대한 존중을 증진한다'이다. 무형문화라는 특성상 하나의 고정된 형태가 아닌 그 문화를 담고 있는 환경과 행위자 집단에 의해 끊임없이 재창조되고 변형될 수 있음을 뜻한다. 이는 설령 말레이시아의 바틱이 자바의 북부 해안 지역에서 이주한 장인들에 의해 주도되었다고 할지라도 바틱이 말레이시아의 문화유산이 될 수 있음을 시사한다. 2009년도에 유네스코가 인류무형문화유산에 대해 더욱 명확하게 설명하기 위해 '인류무형문화유산이란 무엇인가?'라는 소책자를 편찬했는데 이 책자는 인류무형문화유산을 다음과 같이 설명한다(UNESCO, 2009).

우리는 다른 사람들에 의해 행해지는 유사한 인류무형문화유산들의 형태를 공유할지도 모른다. 그것들이 이웃 마을에서 왔든, 지구

> 반대편에 있는 도시에서 왔든, 아니면 다른 지역으로부터 이주해서 정착한 사람들에 의해 변형되었든, 그것 모두는 인류무형문화유산이다. 그것들은 한 세대에서 다음 세대로 전승되었고, 환경에 대한 반응으로 변화해 왔고, 그리고 우리의 과거와 현재 그리고 미래를 연결함으로써 정체성과 연속성을 부여해 준다. 인류무형문화유산은 어떤 행위가 특정한 문화에 속하는 것인지 아닌지에 대한 문제를 야기하지 않는다. 그것은 정체성과 개인으로 하여금 하나 혹은 다른 공동체와 더 크게는 사회의 일부임을 느끼게 하는 데 도움을 주는 책임감을 강화하면서 사회의 결속력에 기여한다. …

위 설명은 인류무형문화유산이 공간을 이동할 수 있고 끊임없이 변형될 수 있음을 시사한다. 따라서 유네스코의 인류무형문화유산에 등록되는 것이 해당 문화가 특정 국가에 속함을 의미하는 것은 아니다. 근본적으로 인류무형문화유산 보호 협약의 목적은 문화를 보호하는 것이지 소유권과 문화의 기원을 밝히는 것이 아니다.

3) '우리'와 '그들'의 구분

인도네시아의 관점에서 바틱이 인도네시아의 문화이고 말레이시아의 바틱이 그들의 것이 아니라고 주장한다면, 바틱을 생산한 자바와 몇몇 지역을 제외한 현재 인도네시아 영토 안에 위치한 다른 지역과 말레이반도에서의 바틱문화 존재 여부에 대해 생각해 볼 필요성이 있다. 인도네시아의 논리는 인도네시아 군도에 거주했던 여러 소수 종족들이 정도의 차이는 있지만 유사한 바틱문화를 공유하고 있었다는 전제에(혹은 상상에) 바탕을 두고 있다. 똑같은 논리를 국가 단위에 적용해 보면, 식민지 이전과 식민 지배 기간 동안 말레이 세계에 함께 존재했던 말레이시아에서도 바틱문화가 존재했을 것이다.

여기서 명확하게 짚고 넘어가야 할 것은 바틱 생산지가 아니더라도 바틱을 착용하는 지역으로서 바틱의 범위가 어디까지 미쳤는가를 고려해야 한다는 것이다. 분명 바틱 생산은 자바를 중심으로 자바인들에 의해 이루어졌다. 하지만 17세기 초반에 '자바 바틱이 수마트라의 잠비에 수출되었다'라는 기록을 근거로 자바 지역이 아닌 다른 군도 지역과 말레이반도에서 수입된 바틱이 착용되었음을 추정할 수 있다(Andaya, 1989). 아흐자디 주디의 공개서한과 술라이만의 발표에서 살펴본 것처럼 말레이시아에서 바틱을 만들기 시작한 것은 대략 1920년대부터다. 하지만 그 이전에도 바틱은 이미 말레이반도로 수출되었고 그곳의 토착민들은 바틱에 대해 알고 있었을 것이다. 이러한 추론은 7세기에서 13세기 사이에 존재했던 해상왕국 스리위자야(Sriwijaya) 시대에 인도네시아 군도 간의 무역뿐만 아니라 인도와 중국까지 교역이 이루어졌음을 감안하면 충분한 가능성이 있다.

바틱문화를 공유하는 정도의 측면에서 인도네시아의 수마트라, 칼리만탄, 술라웨시 지역도 말레이반도와 크게 다르지 않았을 것으로 추측된다. 기실 수마트라 동부 지역 사람들이 수천 마일 떨어진 인도네시아 동부의 암본 사람들과 공유하는 문화적 공통분모는 말레이반도 서쪽에 거주하는 주민들과의 것보다 훨씬 작았을 것이다(Rinwanto Tirtosudarmo, 2005). 과거 수마트라의 일부 지역, 말레이반도, 칼리만탄 해안, 리아우 지역의 주민들은 자신들이 하나의 세계에서 살고 있다고 인식했었다(Taylor, 2003). 현재 물리적 거리의 근접성, 유사한 언어, 종교적인 관점에서 훨씬 동질감이 있는 말레이시아 서쪽 해안 지대의 주민은 외국인으로 간주되는 반면, 서로 공유하는 문화가 상대적으로 적은 암본족(Ambonese)은 같은 인도네시아인으로 간주된다. 이러한 '우리'와 '타자'에 대한 구분 짓기를 『오리엔탈리즘』으로 저명한 학자 반열에 오른 사이드(Edward W. Said)는 다음과 같이 묘사한다.

> 몇 에이커의 토지에 사는 어떤 사람들은 자기의 토지나 그 주위와 상대방의 영역 사이에 경계선을 긋고 상대방의 토지를 '야만인의 땅'이라고 부른다. 달리 말하자면 친숙한 "자기들의" 공간과 그 공간 건너편에 있는 생경한 "그들의" 공간을 마음속에서 이름 붙여 구별한다고 하는, 이 보편적인 습관은 실제로 지리적 구분을 하는 하나의 방식이고, 이것은 완전히 자의적인 것일 수 있다. … '우리들'이란 자신의 마음속에서 멋대로 이러한 경계선을 긋는다면 그것으로 충분하고, 그 결과 '그들'은 자동적으로 '그들'이 되고 그들의 영역과 그들의 심리는 '우리들'의 그것과는 다른 것으로서 나타나게 된다(사이드, 2006).

인도네시아와 말레이시아는 누산타라 문화권에 뿌리를 두고 있다. 그러나 국경이 그어지고 국민국가를 통해 자국의 정체성을 추구하는 과정에서 공동체 의식보다는 경쟁적이고 배제하는 메커니즘이 작동하기 시작했다. 이러한 현상을 서로에 대한 비이성적인 기대에 의해 초래된 형제의 라이벌(sibling rivalry)관계로 보는 학자도 있다(Weiss, 2010). 서로를 구분하고 문화의 차별성에 역점을 둠으로써 통일성과 정체성을 확보한다는 큰 그림에서 양국은 유사한 모습을 보이지만 그 과정과 추구하는 지향점에서 차이점이 있다. 문화에 대한 소유권 문제가 일어날 때마다 마치 전쟁이라도 치를 것 같은 인도네시아의 갑작스럽고 격한 감정적인 반응은 말레이시아인들을 매우 당혹게 했다. 문화에 대한 인식과 활용 면에서 양국은 차이를 보인다.

문화갈등 사례와 관련하여 흥미로운 사실은 '말레이(Malay)'에 대한 국가 간 인식의 차이가 존재한다는 것이다. 인도네시아 여성학자인 림(Lim Merlyna, 2009)은 문화갈등의 근본 원인을 양 국가의 '말레이(Malay)' 혹은 '말레이니스(Malayness)'에 대한 분명한 인식의 차이에서 찾는다. 그녀의 주장에 따르면, 일반적으로 인도네시아인들은 '라사 사양', '앙클룽', '레옥 포노로고' 같은 전통문화를 생각할 때 암본족 혹은 말루쿠족, 순다족, 그리고 자바족을 연상한다. 즉, 각각의 지역 혹은 종족과 전통문화가 결부된다. 하지만 말레이시아 정부를 포함하는 대부분의 말레이시아인들은 이러한 문화들을 그냥 말레이문화로 인식한다. 즉, 인도네시아에서 '말레이'는 여러 종족 중 하나로 간주되지만 말레이시아에서 '말레이'는 보다 포괄적인 의미로 해석된다. 말레이시아에서 말레이는 종족과 종교가 결합한 종족-종교(ethno-religion)적 형태를 띠고 있을 뿐만 아니라 민족주의와 결합한 종족-민족주의(ethnic nationalism)적 성격도 띤다.

말레이시아는 대내외적으로 '하나의 말레이시아' 건설을 위해 말레이계, 중국계, 인도계, 그리고 원주민의 문화를 포괄하는 국민문화를 추구하지만, 그러면서도 말레이문화를 국민 정체성의 구심점으로 삼고 있다. 그런데 말레이시아에서 말하는 '말레이(Malay)'는 인도네시아인들이 생각하는 말레이와는 근본적으로 차이가 있다(Lim, 2009). 인도네시아인들이 말레이를 여러 종족 중 하나인 '수쿠(suku)'의 개념으로 보는 반면 말레이시아인들은 이를 보다 인종적이고 정치적인 '방사(bangsa)'의 개념으로 접근하고 있다(Lim, 2009). '수쿠'는 한국어의 종족과 유사한 단어이고 '방사'는 민족(혹은 국민)과 유사한 개념이다.

이러한 인식의 차이를 말레이어의 'kita'와 'kami'라는 어휘에 기대어 설명하면 보다 명확하게 정리될 수 있을 것이다. 말레이어에는 청자를 포함하는 우리와 청자를 배제한 우리의 개념이 있다. 'kita'는 '청자를 포함한 우리'의 개념이고, 'kami'는 '청자를 배제한 우리'의 개념이다. 전통문화와 관련해서 논할 때, 말레이시아는 '말레이'라는 개념을 말레이시아에 있는 말레이뿐만 아니라 인도네시아에서 이주해 온 사람과 현재 인도네시아에 거주하는 사람을 포괄하는 광의의 개념으로 인식하는 경향이 있다. 즉 인도네시아와 문화에 대한 논쟁을 벌일 때는 'kita'의 입장을 취하고 있다. 반면 '말레이'를 수많은 종족 중 단지 하나의 종족으로 간주하는 인도네시아는 'kami'의 입장에서 말레이를 배제한 인도네시아만의 '우리의 문화'를 주장한다. 즉, 문화가 기원한 곳의 위치가 현재 어느 국가에 속하는지를 구분할 뿐만 아니라 어느 종족의 문화인지를 명확히 밝히고 있다.

4. 국민 만들기: 기억과 망각

지금까지 논의된 바틱과 관련된 국민형성과정에서 주목해야 할 점은 기억과 망각의 상호작용이다. '바틱 인도네시아'를 통해 '집단적 기억'을 생성하는 것은 동시에 공동 기억의 생성에 방해 작용을 일으키는 것에 대한 망각도 필요로 한다. 목적지향적인 기억작업은 과거에 대한 집단적인 기억을 미리 설정하고 동시에 망각이 필요한 역사를 배제하고 역사를 구성하는 작업이다. 국민에게 있어 과거란 기억으로서의 역사를 재구성하는 데 필요한 근거일 뿐만 아니라 기억을 방해하는 요소를 걸러내는 필터의 기능도 갖고 있다(김영묵, 2004). '바틱 인도네시아'가 공동의 기억 생성의 상징적인 사건이라면 '바틱 소유권 갈등'은 인도네시아 국민들이 과거에 대한 기억을 망각하는 또 다른 상징적인 사건이다.

프랑스의 저명한 학자인 르낭(Joseph Ernest Renan, 2002)은 그의 저서 『민족이란 무엇인가?』에서 국민이 되려면 모든 소속원이 많은 것을 공유한다는 사실과 동시에 많은 것을 망각해 주어야 하는 것이 핵심이라고 주장한다. 또한 "망각 —심지어 역사적 오류라고까지 말할 수 있겠는데— 은 민족 창출의 근본적인 요소이며, 바로 그러한 연유로 역사 연구의 발전은 종종 민족성에 대해 위험한 것으로 작용한다"라고 말한다. 르낭은 망각이란 네이션 창출의 본질적인 요소이며, 이러한 이유로 역사 연구는 이따금씩 국민성에 위험한 것으로 작용한다고 주장한다. 또한 프랑스 시민은 자신이 서고트족인지 부르군트족인지, 알라니 사람인지 타이파르 사람인지 알지 못하고 13세기에 있었던 성 바르톨로메오 축일의 학살*을 분명히 잊고 있을 것이고 잊고 있어야 한다는 뉘앙스로 말한다. 같은 맥락에서 앤더슨은 미국의 젊은이들이 남북전쟁을 남과 북의 두 국민국가 간의 전쟁이라는 것을 망각하고 형제 간의 내전으로 믿고 있다고 지적한다(Anderson, 2006).

알브박스는 역사와 기억의 차이를 설명하기 위해 '집단적 기억'이라는 개념을 사용한다. 그는 인간들을 결속시키는 가장 중요한 수단

* 성 바르톨로메오 축일 학살(Massacre de la Saint-Barthélemy)은 1572년 8월 24일부터 10월까지 있었던 로마 가톨릭 신도에 의한 개신교 신도 학살을 지칭한다. 위그노로 알려진 프랑스 개신교 세력과 가톨릭 세력 간의 전쟁인 위그노전쟁이 1570년 휴전을 했다. 이때 조약이 성사되기 위해 두 세력 간의 결혼이 이루어졌고, 당시 대비 카트린 드 메디시스의 딸이자 국왕 샤를 9세의 동생인 마르그리트(마고 여왕)와 위그노였던 나바르 왕 엔리케(앙리 4세) 간의 결혼식 참석차 많은 위그노 귀족들이 파리로 모여들었다. 하지만 결혼 직후인 성 바르톨로메오 축일에 로마 가톨릭 군대가 개신교 지도자 콜리니를 포함한 약 1만여 명의 개신교 신도들을 살해했다.

이 공동기억임을 인식하고 여기에서 '집단적 기억'이라는 개념을 도출한다. 그의 설명에 따르면 기억이 집단을 고정할 뿐만 아니라 집단이 기억을 고정하기도 한다. 집단적 기억에서 발생하는 기억의 고정성은 집단의 단결 및 기억에 깊은 영향을 미친다. 하지만 기억이란 환경의 변화에 따라 소멸될 수 있는데 그 이유는 기억이 본질적으로 내재적 지속력을 가진 것이 아니라 지속적으로 사회적인 상호작용의 확증을 요구하기 때문이다.

알브박스는 집단적 기억을 역사적 기억과 구분해서 설명하는데 집단의 특성과 정통성이 집단적 기억에 의해 유지되는 반면, 역사적 기억은 그러한 기능을 수행하지 못한다(아스만, 2012). 알라이다 아스만은 기억과 역사를 기능기억과 저장기억이라는 개념으로 설명한다. 그녀는 기억과 역사가 항상 이항대립관계를 이룰 수 있는 분명한 개념이 아님을 먼저 전제하고 자신의 이론을 다음과 같이 설명한다. 기능기억은 집단 관련성, 선택, 관련 가치, 목적의식과 같은 특징을 가진다. 반면에 저장기억은 현재와의 활성적 관계를 상실한 기억들의 기억이라고 명명한다. 두 개념의 상보적인 측면을 밝히기 위해 기능기억과 저장기억은 다시 활성적 기억과 비활성적 기억으로 치환된다(아스만, 2012).

아스만은 "집단적인 영역에서 저장기억은 불필요하고 시대착오적이며 중립적이고 낯설어진 것, 추상적으로 정체성을 규정하는 사실지식뿐만 아니라 선택되지 않은 가능성, 쓰여지지 않은 기회의 다양한 목록들을 가지고 있다"라고 주장하는 반면, "기능기억은 선택, 연관성, 의미구성에서 생성되는 적용된 기억을 말한다. 구조가 없고 관련성 없는 요소들은 합성, 구성, 결합되어 기능기억으로 들어간다"라고 말한다. 이러한 과정에서 저장기억은 소멸되고 의미를 발생하는 데 필요한 기능기억이 작동되게 된다(아스만, 2012).

네이션의 정체성과 연관시켜 보면 현재와 활성적으로 작용하는 기능기억은 집단적인 기억으로서 어떤 공동체의 기반이 되는 것이다. 기능기억이 작동하기 위해서는 저장기억의 상실 즉 망각이 동시에 발생된다. 이러한 기능기억은 앞에서 논의된 문화적 기억과 같은 것으로 바틱 소유권 갈등은 '바틱 인도네시아'와 함께 문화적 기억이 형성되는 과정의 일환이라고 해석될 수 있다.

말레이시아와의 갈등은 인도네시아인 모두에게 바틱이 자바 주

활성적 기억	비활성적 기억
기억은 집단, 제도, 개인일 수 있는 보유자와 결부되어 있다.	특수한 보유자로부터 분리되어 있다.
과거, 현재, 그리고 미래를 연결하는 다리를 놓는다.	현재와 미래로부터 과거를 철저하게 분리한다.
이것은 기억하고 저것은 잊어버리면서 사건을 선별적으로 처리한다.	모든 것에 관심이 있고, 모든 것이 동등하게 중요하다.
가치들을 중개하는데, 그 가치에서 정체성의 특성과 행동 규범이 생기게 된다.	진리를 찾아내고 동시에 가치와 규범을 멀리한다.

표 5-1 활성적 기억과 비활성적 기억

도의 문화든 아니든 상관없이 말레이시아라는 타 공동체로부터 지켜야 할 문화라는 새로운 인식을 싹트게 했다. 르낭은 "민족은 이미 치러진 희생과 앞으로 다가올 희생을 치를 준비가 되어 있는 희생정신에 의해 구성된 거대한 결속"이라고 말한다. 그는 자신이 생각하는 네이션을 영혼이라고 정의한다. 이 영혼 혹은 정신적인 원리는 두 가지로 구성되는데 "하나는 과거에 놓여 있고 다른 하나는 현재에 위치한다. 첫 번째는 풍부한 기억의 유산이고, 두 번째는 현재의 동의, 함께 살고자 하는 욕망, 함께 공유하고 있는 유산을 소중하게 여기는 의지다"(Renan, 1995).

필자는 일반인들의 바틱에 대한 인식을 조사하기 위해 17명의 20-30대 인도네시아인을 인터뷰했다.* 인터뷰에 응한 전원은 바틱과 무관한 일에 종사하는 직장인과 학생이다. 가능한 자바인이 아닌 다른 종족 출신의 인식을 반영하기 위해 다양한 종족을 선택했다. 바탁족 6명**, 화인 3명, 브타위족 3명, 자바족 2명, 순다족 1명, 수마트라 출신 1명, 아랍-자바인(Arab-Java) 1명이다. 바틱과 자신이 속한 종족의 전통의상이 모두 가용하다는 전제하에 어떤 것을 더 선호하느냐는 질문에 8명이 자신이 속한 전통의상 혹은 둘(바틱과 자신이 속한 민족의 전통

* 17명 중 6명은 필자와 개별적으로 심층 인터뷰를 실시했고 나머지 11명은 서면으로 인터뷰에 응했다. 개별 인터뷰는 인터뷰 형식을 취하지 않고 일상적인 대화 형식으로 진행되었다. 인터뷰 응답자들은 필자가 단순히 바틱 자체에 관심이 있어서 연구하고 있다는 사실만 인지하고 질문에 응답했다.

** 수마트라 출신의 서면 응답자는 자신이 속한 종족은 밝히지 않고 출신 지역만 표기했다.

의상) 모두를 선호한다고 응답했다. 질문 의도에 부합되지 않는 자바족 2명, 자신의 전통의상을 선택할 수 없어서 응답을 하지 않은 화인 2명과 아랍-자바인 1명을 제외하면 12명 중 8명이 자신의 전통의상을 선호했다.

한편 바틱이 인도네시아의 정체성이 될 수 있다고 생각하느냐?라는 질문에 1명을 제외하고 응답자 모두가 동의했다. 찬성의 근거로 바틱이 자바문화이지만 이미 많은 인도네시아인이 착용하고 있는 점, 대외적으로 바틱이 인도네시아를 대표하는 것으로 알려져 있는 점, 그리고 인도네시아에는 다양한 문화가 존재하는데 이를 대표하는 하나의 상징이 필요하다는 점 등을 언급했다. 직접적인 이유가 될 수는 없지만 응답자 절반 이상이 말레이시아의 바틱 소유권 주장에 맞서 바틱이 인도네시아의 정체성임을 더욱 부각시켜야 한다고 주장했다. 혈통적으로 바탁(Batak) 출신이지만 자카르타에서 출생한 인도네시아 대학 4학년에 재학 중인 한 응답자는 말레이시아가 인도네시아의 공공의 적(common enemy) 같은 존재라고 대답했다.

자카르타에서 유통업을 하고 있는 한 화인 응답자는 영업에 도움이 되기 때문에 바틱을 착용하기도 하지만 바틱이 개인적으로 자신에게 특별한 의미는 없다고 말했다. 하지만 말레이시아와 인도네시아의 관계를 바틱에 대입했을 때 그의 입장은 확연히 달라졌다. 대조적으로 필자가 말레이시아 쿠알라룸푸르에서 만난 두 명의 말레이시아인은 필자가 바틱을 구입하고 싶다고 말하자 가격이 저렴하고 품질이

나쁘지 않은 인도네시아산 바틱을 판매하는 매장을 추천했다. 또한 그들과의 인터뷰에서 바틱에 대한 국가적인 감정을 발견할 수 없었고 두 사람 모두 바틱 자체의 아름다움에 대한 설명에만 관심을 보였다.

결과적으로 말레이시아의 바틱 소유권 주장은 인도네시아에서 르낭이 강조한 '함께 발전시키려는 의지'를 강화시켰다. 바틱 소유권 갈등으로 인해 인도네시아라는 네이션은 상상의 공동체든 발명의 소산이든 현재 하나의 정치공동체로서 함께하려는 의지가 필요한 장이 되었다. 이와 같은 현상은 바틱에 문화 정체성을 부여해 주는 결정적인 계기가 되었다. 네이션을 구성하는 요소를 단순화시켜 두 가지로 나누면 혈연, 언어, 역사, 지역, 경제, 문화와 같은 객관적 요소와 감정, 의지, 이념 등의 주관적 요소가 있다. '바틱 인도네시아'가 전자를 갖추기 위한 것이라면 말레이시아와의 갈등은 후자가 생겨날 수 있는 여건을 조성했다. 네이션이 실체가 없는 상상에 의한 사회적 구성물이라고 할지라도 그 구성물은 엄청난 위력으로 구심력을 발휘하고 있고 이러한 구심력에 반발하는 일부는 원심력을 발휘하면서 반발한다. 말레이시아와의 갈등은 국민이라는 사회문화적 구성물이 내부적으로 혼란을 겪고 있는 소수 종족 갈등의 원심력에 대한 구심력을 더욱 강화시키는 결과를 가져왔다.

바틱을 통해 작은 파편으로 이루어진 과거의 기억들이 현재의 필요에 의해 새로운 기억으로 만들어지는 과정을 살펴보았다. 정치 지도자에게 중요한 의미가 있는 과거란 철저한 고증에 의해 밝혀진 역사적 사실이 아니라 현재의 필요에 잘 부합할 수 있는 변형 가능한 과거다. 인도네시아와 말레이시아 모두 공유된 뿌리에서 생겨난 민족(bangsa serumpun)임을 인정하면서도 유사한 문화를 공유했음을 망각하고 서로 구분되는 문화임을 강조하고 분명한 경계선을 긋고 있다.

말레이시아의 논리를 정리해 보면 말레이시아는 누산타라 문화권에 속하고 따라서 그 문화의 일부는 자신들의 문화일 수도 있다는 것이다. 반면 인도네시아는 문화가 발생한 지역을 명확하게 밝히고 그 지역이 현재 말레이시아의 영토가 아님을 강조한다. 현재의 말레이시아 영토와 인도네시아 영토를 함께 공유했던 스리위자야 시대와 말레이 세계의 공통의 정체성이 형성되기 시작한 마자파힛 시대에는 아직 바틱이 등장하지 않았음을 강조한다. 과거 말레이반도, 수마트라, 그리고 칼리만탄의 일부 지역은 같은 문화권이었지만, 현재 말레이반도는 '타자'로 인식되는 반면 수마트라와 칼리만탄은 '우리'로 인식된다.

하지만 바틱이 자바를 넘어 인도네시아 전체의 문화 즉 국민문화가 될 수 있다는 논리는 말레이시아가 바틱이 자신의 문화라고 주장하는 논리와 흡사하다. 국민국가의 형성과 국민의 집단적 정체성을 구축하는 과정에서 기억과 망각 작용이 일어남을 확인할 수 있다. 인도네시아-말레이시아가 서로 경계를 긋고 과거 공유했던 역사와 문화를 단절시키려는 것은 '바틱 인도네시아' 논리와는 상충된다. 하지만 두 가지 모두 인도네시아 국민에게 동질성을 불러일으킨다는 점에서 같은 목표를 향해 서로 다른 방향으로 작동되는 힘으로 해석될 수 있다. 이는 과거 말레이 세계에 산재해 있었던 문화적 편린들이 기억과 망각 작용을 통해 특정한 공간과 결합하는 과정으로 해석될 수 있다.

6장

바틱을 이용한 국민 만들기

1. 권력의 기술

의상은 착용자에게 정체성을 부여하기도 하고 일체감을 형성하게 하기도 한다. 대표적인 예가 군복을 입은 군인과 교복을 입은 학생이다. 군복을 착용하는 것은 군인에게 자신이 군인의 신분임을 자각하게 만들고 충성심을 고취시키기도 한다. 또한 같은 군인끼리 동질감을 느끼게도 만든다. 마찬가지로 교복은 학생들로 하여금 평상복을 입었을 때보다 행동거지를 바르게 해야 한다는 무언의 메시지를 주기도 하고 학생들이 학교에 대한 자부심을 느끼게도 한다. 이처럼 의상은 구성원들로 하여금 정체성과 동질감을 형성시키는 데 매우 유용하게 사용되고 있다.

통치자의 입장에서 오랜 식민 지배에서 벗어나 독립 국가가 된 인도네시아에게 닥친 가장 큰 문제는 국민을 하나로 통합하는 것이었다. 인도네시아는 식민 지배 이전 현재의 국가라는 개념에 비견될 만한 단일 정치체제에 놓인 경험이 없다. 인도네시아인들이 역사에서 자신들의 영광의 시절로 간주하는 마자파힛(Majapahit)조차도 지금의 인도네시아 전 지역을 지배하지는 못했다. 오히려 역설적이게도 네덜란드의 식민 지배가 하나의 국민이 형성될 수 있는 기반을 조성한 셈이다. 하지만 넓은 지역에 흩뿌려진 섬으로 이루어진 군도국가라는 특성상 식민 지배의 정도는 균등하지 않았다. 자바처럼 강력한 식민 지배를 받은 곳이 있는 반면 식민 지배 손길이 별로 미치지 않은 외각 지역의 섬들도 존재했다. 게다가 이슬람은 서쪽의 아체부터 동쪽으로 전파된 반면 기독교는 상업의 시대에 향신료를 찾아 온 서양인들에 의해 동쪽부터 전해졌다. 이러한 일련의 이유들로 인해 인도네시아는 정도의 차이는 있지만 지금도 분리 독립의 불안이 도사리고 있다.

인도네시아를 묘사할 때 흔히 인용되는 다양성에 초점이 맞춰진 특징들이 새로운 국가를 수립하는 통치자들에게는 고스란히 부담으로 작용했다. 투쟁에 대한 풍부한 경험은 있었지만 실질적인 통치 경험이 일천했던 지도자들에게 넓은 영토와 많은 인구를 보유한 인도네시아를 통치하는 것은 결코 쉬운 일이 아니었다. 인도네시아 현대 정치사를 보면 역대 대통령들이 국민통합에 얼마나 신경을 쓰고 있는가를 알 수 있다. 하지만 현실에서 국민통합은 해결하기 쉽지 않은 과제였다. 1970년대 초 주인도네시아 미국 대사를 역임했던 프링글(Robert Pringle, 2010)의 표현에 따르면 수카르노는 권력에 대한 욕망보다도 국민통합에 대한 집착이 더 강했으며, 수하르토에게 있어 인도네시아의 문화적 다양성은 국가적 자산임에 앞서 일련의 위협이었다. 이러한 맥락에서 필자는 바틱의 제도화는 다양한 종족으로 이루어진 인도네시아인들을 하나의 국민으로 만드는 데 일정부분 역할을 했다고 생각한다.

'권력의 기술' 혹은 '권력기술'이라고 번역되는 'technologies of power'는 인간을 집단적으로 통제하는 방법으로 프랑스 철학자인 푸코(Michel Foucault)에 의해 만들어진 표현이다. 푸코는 1975년에 출판한 『감시와 처벌: 감옥의 역사』에서 권력이 어떻게 변모해 왔는지를 인간을 처벌하고 감금하는 방법을 통해 서술한다. 왕권시대에 죄인을 처벌할 때 신체에 가혹한 형벌을 가하던 전통적인 체벌 형식이 18세기 말에 감금이라는 제도를 통해서 죄수를 처벌하고 교화시키는 방법으로 바뀌었다. 이러한 처벌의 개선을 푸코는 죄수에 대한 근본적인 인식의 변화가 아닌 권력의 기술의 근대화 때문이라고 설명한다. 즉, 처벌이 몸을 파괴하기보다는 감시, 관리, 감독, 구분하는 과정으로 바뀌었다. "근대 국가는 예외 없이 국민의 신체를 통제하고 표준화하며 조작 가능한 관리하기 쉬운 형태로 두는 것, 즉 순종적인 신체를 조형하는 것을 정치적 과제 가운데 최우선으로 내걸었다"(우치다 타츠루, 2012). 그리고 이러한 근대 국가를 만들기 위해 사용된 정치적 기술이 바로 '권력의 기술'인 것이다. 기술적인 측면에서 보면 이러한 일련의 과정은 외형적으로 강제적이지 않고 자연스러운 일상인 것처럼 느껴져야 한다.

2. 바틱 착용의 제도화

앞에서 논의했던 포스터의 주장에 따르면 국가형성과정은 광범위한 문서화 작업을 수반하고, 국가는 "발명의 산물인 만큼이나 목록

(inventory)의 산물"이다. 다시 말해, 국가기관은 구분과 범주화를 통해 개인, 집단, 국가의 정체성 형성을 담당한다. 그 이유는 국가의 통일성과 안정성이 국민적 동질성과 순수성에 의해 확보된다고 판단하기 때문이다. 일반적으로 출생신고서, 공문서 작성, 인구조사 같은 기록과 이러한 것을 기록하는 행위 그 자체는 국가가 사용하는 중립적인 도구인 것처럼 간주되지만 실상은 통제를 위한 정보가 구축되는 과정이다. 국가는 이러한 방식으로 개인의 정체성을 통제된 양식으로 만들고 국가가 행하는 조사를 일상적인 것으로 인식하도록 조장한다. 그리고 국가의 권력과 존재를 자연적인 것으로 받아들이게 만든다. 여기에 도덕적 규제와 개인에게 허용되는 범위 그리고 남녀의 역할 등을 부여함으로써 그들이 공동체에 속해 있다는, 즉 국민 안에 존재한다고 믿게 만든다. 이러한 일련의 과정을 통해 사회의 통일성과 안정성을 가져다주는 시민이 형성된다.

인도네시아 바틱이 권력의 기술의 일부로서 통일성과 동질감을 형성하게 하고 구성원들로 하여금 자신을 시민으로 인식하게 만드는 역할을 담당한 측면이 여러 가지 사례에서 발견된다. 수카르노 대통령의 바틱 장려정책이 바틱으로 하여금 국민적 대표성을 획득하게 하고 대중으로 하여금 전통 모티프에 관심을 갖게 만든 시발점이라면 바틱이 제도적으로 공고화되고 상업적 성공을 이룬 시기는 수하르토 대통령 시절이다. 수하르토 대통령은 1971년 대통령령으로 KORPRI(Korps Pegawai Republik Indonesia)라는 공무원 군을 조직하고 모든 공무원으로 하여금 KORPRI 회원으로 가입하도록 했다(「Jakarta Post」, 1999/06/27). 그의 재임시절 공무원들은 매주 토요일 바틱이나 이캇을 착용해야 했고, 매월 17일에는 바틱으로 된 제복을 착용하고 KOPRI 국기게양식에 참석해야 했다.

1972년에 바틱 착용이 제도화되고 동시에 바틱에 관한 규범이 생겨났다. 특히 남성에게 바틱을 널리 보급하게 된 계기는 자카르타 주지사였던 알리 사디킨(Ali Sadikin)*이 만든 조례 덕분이다. 알리 사디킨은 1972년 6월 12일 타만 이스마일 마르주키(Taman Ismail Marzuki)에서 열린 바틱 및 수공품 전시회 개막행사에서 자카르타시의 관할권 내에서 남성의 긴소매 바틱 셔츠가 모임의 정식 의상이 될 수 있음을 발표했다(「Antara」, 1972/6/13). 그해 7월에 자카르타와 중부 자바 지역의 공식 모임에서 바틱이 정식 복장으로 인정되었다. 이러한 조치는 점차 확대되어 자카르타뿐만 아니라 팔렘방을 포함한 인도네시아 전역으로 확산되었다.

의상에 관한 수카르노의 성별에 따른 이중적인 잣대에서 살펴본 것처럼, 당시 바틱으로 남성의 서양식 셔츠를 만들어 입는 것은 혁신적인 발상이었다. 네덜란드 식민 지배 기간 중 자바의 예절에 따르면 자바인이 손윗사람 혹은 귀족과 함께 방에 있을 때에는 바닥에 머리를 조아려야 했다. 하지만 연장자나 귀족이라고 할지라도 양복을 입

* 알리 사디킨은 1966년부터 1977년까지 자카르타 주지사를 역임했다. 최장기간 동안 주지사를 역임한 알리 사디킨은 재임시절 자카르타 문화 · 예술의 발전에 큰 공헌을 하였다.

그림 6-1 2012년 새롭게 바뀐 KORPRI 복장[21]

고 있는 자바인 젊은이에게는 이러한 행위를 요구할 수 없었다. 또한 자바식 전통의상을 입은 남자는 서양인과 함께 있을 때 바닥에 앉아야 했지만 서양식 정장을 갖추어 입었을 경우에는 의자에 앉을 수 있었다(Taylor, 2009).

알리 사디킨의 조치는 바틱에 대한 새로운 인식을 불러일으켰을 뿐만 아니라 실용적인 측면에서도 성공적이었다. 인도네시아의 덥고 습한 기후를 감안하면 불편한 서양식 정장보다 바틱이 훨씬 더 실용적인 복장임에 틀림없다. 공식적인 복장으로서의 바틱 착용은 수하르토 대통령에 의해 더욱 탄력을 받았다. 대통령궁에서도 긴소매 바틱이 양복을 대체할 수 있는 공식적인 복장으로 인정받았기 때문이다

(van Oss, 1996). 현재는 금요일 혹은 지정된 요일에 모든 공무원이 바틱을 입고 출근하고, 다수의 회사도 사원들에게 바틱을 입고 출근하도록 권장하고 있다. 지방정부는 공무원들에게 그 지방의 특색에 맞는 바틱 혹은 전통의상을 착용하기를 요구한다. 또한 많은 학교가 교복으로 바틱을 선정하고 특별한 행사가 있을 때는 학생들로 하여금 바틱을 입고 등교하도록 한다.

공무원들의 복장에 대한 인식을 조사하기 위해 필자는 산업부의 중소기업부서* 중견 공무원(남성) 한 명과 초급 공무원(여성) 한 명을 인터뷰했다. '특정 요일에 바틱을 입는 것에 대한 공무원들의 불만 사항을 들어 본 적이 있느냐?'라는 필자의 질문에 두 사람 모두 바틱뿐만 아니라 자신이 근무하는 지역의 전통의상을 착용할 수 있다고 대답했다. 남성 공무원은 현실적으로 바틱을 제외한 다른 전통의상이 근무복으로 편리하지 않을 뿐 아니라 바틱에 비해 구입이 용이하지 않기 때문에 대부분 바틱을 착용한다고 덧붙였다. 필자가 동일한 질문을 다른 공무원이나 바틱 관계자에게 했을 때도 유사한 대답을 들었다. 응답자들은 필자의 질문의 핵심이 지나치게 바틱을 강조하지 않느냐?라는 것으로만 파악하고 이에 대한 대답으로 바틱이 아닌 다른 전통의상도 입을 수 있음을 강조했다.

하지만 이들이 간과하고 있는 것은 바틱과 함께 다른 전통의상을

* 산업부의 중소기업 부서(Direktorat Jenderal Industri Kecil dan Menengah)에서 바틱 산업을 담당한다. 바틱 산업은 대부분 중소기업으로 이루어져 있고 아주 영세한 가족 중심의 제조업체도 많다.

입을 수 있다는 대답 속에 바틱은 이미 지역의 범위를 넘어선 국민적 차원의 의상이 되었음을 전제하고 있다는 것과 의복으로 자신들의 정체성을 나타내는 것을 당연한 제도로 받아들이고 있다는 점이다.

한편 '바틱을 착용해야 하는 날에 착용하지 않았을 경우 어떤 처벌이나 조치가 있느냐?'라는 필자의 질문에 남성 공무원은 이에 대한 실질적인 처벌은 없지만 만약 부득이한 상황이 있거나 요일을 착각해서 바틱을 착용하지 못했다면 대부분 집으로 돌아가 바틱으로 환복 후 다시 출근하는 것이 일반적인 관행이라고 대답했다. 인도네시아 영자신문인 자카르타 포스트「Jakarta Post」의 수마트라 출신 외부 기고자는 신문 사설에서 자신은 개인적으로 바틱 착용을 싫어하고 정부의 바틱에 대한 강조는 자바 중심의 문화가 나머지 지역을 지배하는 인상을 준다고 기술하면서도 한편으로는 이런 감정에 대해 자신이 마치 애국심이 부족한 것 같은 느낌이 들기도 한다는 복잡한 감정을 표현했다 (Eric Musa Piliang, 2008).

전술한 사실들은 바틱이 이미 권력의 기술로서 작동하고 있음을 시사한다. 마치 국기 게양식이나 애국가를 부를 때 국민이 국가에 대해 숙연한 자세를 취하는 것처럼 인도네시아 공무원들은 바틱을 착용하는 것을 자신이 마땅히 해야 할 것으로 인식한다. 이는 문화라는 꽃장식으로 포장된 제도화로도 해석될 수 있다. 이 제도는 서서히 고정된 관습으로 변화하고 있다. 인터뷰를 통해 만난 인도네시아 공무원들에게서 받은 공통된 인상은 바틱이라는 특정한 의상이 아니더라도 특정 요일이나 행사에 그들이 전통의상이라고 믿는 옷을 입는 행위가 그들에게 체화되어 있다는 것이다.

1994년 제2차 아시아 태평양경제협력체(APEC) 정상회담이 인도네시아 보고르에서 개최되었을 때 개막식에서 세계 정상들은 바틱을 착용했고 그 후 APEC 정상회담에서 개최국의 전통의상을 착용하는 것이 관례화되었다(Roces and Edwards, 2009). 인도네시아는 2011년 발리에서 개최된 동아시아 정상회담(East Asia Summit)에서 전통의상으로 바틱 대신 동 누사 틍가라(Nusa Tenggara Timur)의 직조 기법으로 만들어진 전통의상을 선택했다. 그리고 2013년 발리에서 개최된 APEC 정상회담에서 발리의 전통의상인 엔덱(endek)을 착용했다. 당시 인도네시아 관광창조경제부 장관이었던 마리 엘카 팡에스투(Mari Elka Pangestu)는 엔덱을 입은 경위에 대해 "이는 인도네시아 문화를 알리기 위한 노력의 하나이다. 우리는 발리의 엔덱을 선택했는데, 그 이유는 정상회담이 발리에서 개최되기 때문이다"라고 말했다(「Jakarta Post」 2013/10/23). 인도네시아 정부의 이러한 행보는 수하르토 대통령 시절부터 시작된 자신들의 정체성을 직물을 통해 표출하는 것을 제도화시키려는 정책으로 해석될 수 있다. 또한 바틱을 최상위의 문화로 두고 지방의 문화를 재조명하려는 노력으로 간주될 수 있다. 발리 정부는 공무원과 학생들이 의무적으로 엔덱을 착용하는 것을 법제화시켰고 이에 따라 현재 공무원들은 목요일과 금요일에 엔덱을 착용해야 한다.

그림 6-2 인도네시아 전통의상을 착용한 국가 정상들

a 1994년 APEC 정상회담(바틱)[22]

b 2011년 동아시아정상회담[23] [동 누사 뜽가라(Nusa Tenggara Timur) 지역의 전통의상]

c 2013년 APEC 정상회담(발리 전통의상 엔덱)[24]

APEC 정상회담과 각국의 전통의상 착용

매년 APEC 정상회담이 열릴 때마다 각국의 전통의상을 착용하는 것이 회담의 중요한 행사로 자리매김하고 있다. 때론 정상회담에서 논의되는 의제보다도 전통의상이 더 화제가 되는 경우도 있다. 이러한 관례는 사실 1993년 미국의 워싱턴주의 블레이크섬에서 개최되었던 정상회담에서 시작되었다. 이는 APEC 모임에 세계 정상들이 참가하기 시작한 첫해이기도 하다. 당시 모임에서 정상회담에서의 격식적인 모습을 지양하고 보다 친밀한 관계를 증진하기 위해 세계 정상들은 넥타이 없이 편안한 복장으로 참여할 것을 요청받았다. 이 자리에서 클린턴 대통령이 세계 정상들에게 가죽으로 된 항공 재킷을 선물로 주었지만 가죽 재킷을 착용할 것을 요청하지는 않았고, 클린턴 대통령만이 가죽 재킷을 착용했다. 그러나 이듬해 인도네시아 보고르에서 열린 정상회담에서 정상들은 바틱을 착용할 것을 요청받았다. 이를 기점으로 매번의 회담 때마다 각국의 전통의상을 착용하는 것이 회담의 중요행사로 자리 잡았다. 필리핀에서는 바롱(barong), 한국에서는 한복, 호주에서는 레인코트(raincoat), 칠레에서는 판초(pancho)를 착용했다.

사실 이러한 관행이 사라질 위기도 있었다. 1995년 일본에서 개최된 회담에서 기모노가 정상들이 착용하기에는 너무 화려하고 몸에 붙는 형태라서 대신 정장을 착용했다. 그 후 2010년에 다시 일본에서 개최되었을 때에도 전통의상을 입고 사진을 촬영하는 행사는 없었다. 전통의상을 입고 사진 촬영하는 것을 싫어했던 오바마 대통령은 2011년 미국의 하와이에서 정상회담이 개최되었을 때 참석자들에게 알로하 셔츠를 선물로 주었지만, 착용할 것을 요구하지는 않았다. 오바마 대통령은 "(정상들에게) 입기를 원하시면 착용하는 것은 좋다. 그런데 이러한 관례를 깨는 것에 대해 별로 불평하는 소리를 듣지 못했다"라고 견해를 밝혔다. 그다음 해인 2012년에 러시아에서 정상회담이 개최되었을 때도 전통의상 없이 행사가 진행되었다. 이렇게 사라질 것 같았던 정상들의 전통의상 착용 행사는 2013년 인도네시아 발리 정상회담에서 다시 살아났다. 이번에는 바틱이 아닌 발리 지역의 전통의상인 엔덱(endek)이 등장했다. 흥미로운 사실은 APEC의 근본 취지인 자유무역을 강조하기 위해 인도네시아산 원단을 사용하여 중국에서 만들어진 엔덱을 착용했다.

국민 만들기의 핵심 요소 중 하나는 공교육을 통해 학생들에게 동일한 역사의식과 문화의식을 심어 주는 것이다. 바틱의 유네스코 등재 몇 년 전부터 교육기관의 바틱 실습 수업이 확대되었다. 바틱의 도시(kota batik)로 불리는 프칼롱안에서는 초·중등 교육과정에서 바틱의 이론 및 실습이 정규 교육과정에 포함되었고 직업학교도 설립되었다. 2005부터 2006년 사이에 프칼롱안에 있는 230개의 교육기관 중 1개 시설에서만 바틱 실습 수업이 진행되었지만 2006-2007년에는 100개, 2007-2008년에는 194개로 증가했고, 2008-2009년에는 230개 모든 기관에서 바틱 실습 교육이 실시되었다. 바틱 교육은 현재 점차 족자카르타, 수라카르타와 같은 도시로 확산되고 있다.

인도네시아 교육부에서 전통문화 분야의 교과서 연구 및 개발을 담당하고 있는 한 공무원에 따르면 2009년 이후 초·중·고 교육 과정에 바틱에 관한 내용이 보강되고 있다. 그녀는 '교과서에서 다른 직물이나 전통보다 바틱에 더욱 초점을 맞추는 이유가 무엇인가?'라는 필자의 질문에 바틱의 보편성이라고 답했다. 그녀는 바틱이 인도네시아 전반에서 착용되고 있고 상대적으로 다른 전통문화에 비해 접근이 쉽다는 장점과 독특한 특징이 있어서 인도네시아의 각 지역의 문화를 전파하는 매개체로 사용되기에 적합하다는 설명을 덧붙였다.

필자가 조사한 바에 따르면 바틱 실습 교육과는 별도로 초등학교(SD) 4학년부터, 중학교(SMP), 고등학교(SMA), 직업학교(SMK)까지 인도네시아 전역에서 사용되는 문화·예술과목에 바틱에 대한 기본적인 이론이 포함되어 있다. 인도네시아 정부는 교육 과정을 통해 서로 다른 종류의 전통직물을 구별하고, 일상생활에서 바틱의 다양한 기능을 설명할 수 있고, 바틱 만들기의 기본적인 원리를 설명할 수 있고, 전통적인 바틱의 다양한 모티프를 언급할 수 있는 것을 학습목표로 설정하고 학생들을 교육하고 있다.

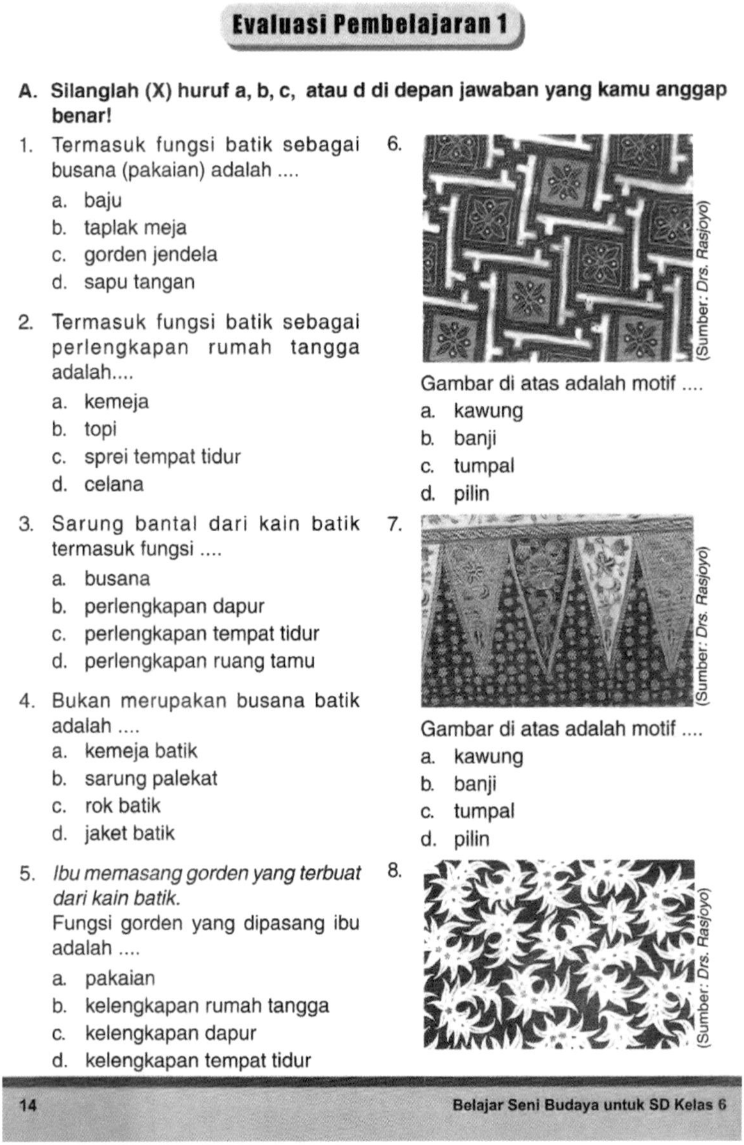

Evaluasi Pembelajaran 1

A. Silanglah (X) huruf a, b, c, atau d di depan jawaban yang kamu anggap benar!

1. Termasuk fungsi batik sebagai busana (pakaian) adalah ....
   a. baju
   b. taplak meja
   c. gorden jendela
   d. sapu tangan
2. Termasuk fungsi batik sebagai perlengkapan rumah tangga adalah....
   a. kemeja
   b. topi
   c. sprei tempat tidur
   d. celana
3. Sarung bantal dari kain batik termasuk fungsi ....
   a. busana
   b. perlengkapan dapur
   c. perlengkapan tempat tidur
   d. perlengkapan ruang tamu
4. Bukan merupakan busana batik adalah ....
   a. kemeja batik
   b. sarung palekat
   c. rok batik
   d. jaket batik
5. *Ibu memasang gorden yang terbuat dari kain batik.*
   Fungsi gorden yang dipasang ibu adalah ....
   a. pakaian
   b. kelengkapan rumah tangga
   c. kelengkapan dapur
   d. kelengkapan tempat tidur
6. (Sumber: Drs. Rasjoyo)
   Gambar di atas adalah motif ....
   a. kawung
   b. banji
   c. tumpal
   d. pilin
7. (Sumber: Drs. Rasjoyo)
   Gambar di atas adalah motif ....
   a. kawung
   b. banji
   c. tumpal
   d. pilin
8. (Sumber: Drs. Rasjoyo)

14 **Belajar Seni Budaya untuk SD Kelas 6**

그림 6–3 바틱 교과서[25]

7장

상품화, 상업화, 외교적 수단

근대에 이르러서 국민문화는 주로 국가적 차원에서 행해지는 고급문화와 민속문화를 의미하기도 하지만, 국민문화의 문화적 표상과 개념은 평범하고 일상적인 일반 대중문화와 소비문화에서도 끊임없이 나타나고 있다. 즉 국민 정체성이란 앞에서 살펴본 일부 엘리트들에 의해 기획된 의지와 전략의 문제일 뿐만 아니라 일반 대중의 삶 속에 체화되고, 물질적인 삶 속에 완전히 획일화되지는 않았지만 나름 일정한 방향성을 가지는 행위다. 본 장에서는 정체성을 표출하는 문화를 국가적 차원뿐만 아니라 사회와 일상적인 차원에서 살펴보려고 한다.

잠시 포스터의 세 번째 어휘군을 다시 상기해 보면, 이 단어들(상품화, 확산, 소비)은 "사회 구성원에 의해 상품화된 물체가 만들어지고, 상품화된 물체의 세계와 상호작용을 함으로써 구성원 스스로가 시민이 되는 과정"을 의미한다. 즉 상품화된 문화를 소비함으로써 사회 구성원들은 국민적 정체성뿐만 아니라 개인적, 사회적 정체성을 형성한다. 이러한 사회 현상의 대표적인 사례가 문화유산의 마케팅이다. 문화유산을 마케팅하는 과정은 과거를 새롭게 재조명하고 보존하는 행위를 동반한다. 그리고 이런 일련의 과정을 통해서 네이션을 대상화한다. 집단에 의해서 소유된 상품(문화)은 주로 성지순례, 유적지 방문, 박물관 관람, 문화축제와 같은 형태로 소비된다. 이렇게 네이션을 대상화하는 작업에는 국가뿐만 아니라 상업적인 이익을 추구하는 다양한 집단이 관여하게 된다(Foster, 1991).

바틱을 문화 상품화하는 것에는 관광객 유치와 그에 따른 이윤추구라는 상업적인 동기와 함께 바틱이라는 상품과 사회 구성원들이 상호작용함으로써 사회 구성원 스스로 시민의식을 배양하게 하는 복합적인 기제가 작동한다. 문화상품을 소비하는 것은 상품에 내재된 경제적 가치뿐만 아니라 문화적 가치와 의미를 소비하는 것이다.

1. 바틱문화의 상품화

지난 10년 동안 바틱을 문화관광 상품으로 만드는 작업이 중앙정부와 지방정부에 의해서 부단히 이뤄지고 있다. 예컨대 2010년 인도네시아 문화관광부와 자카르타시의 문화관광부가 함께 직물 박물관(Textile Musem)* 내에 바틱관을 신설했다. 직물 박물관의 본 건물에는 여러 가지 직물을 종류별로 따로 구분하지 않고 소량만 전시한 데 반해 신설된 바틱 갤러리의 현대화된 전시관에는 바틱이라는 직물 양식 한 가지만을 아홉 개의 전시실로 각각 구분하여 화려하게 전시했

* 서부 자카르타에 위치한 직물 박물관은 인도네시아의 다양한 지역의 전통 의상과 직물을 만드는 데 필요한 도구 및 장치 등을 전시하고 있으며, 최근 기존 건물과 구분된 바틱관을 신설하였다. 박물관에서는 전시회뿐만 아니라 세미나, 워크샵, 그리고 다양한 문화행사 등이 열린다.

** 오른쪽 위의 사진은 바틱을 만드는 데 사용되는 도구인 찹으로 만들어진 세계지도이고, 아래의 사진은 바틱 갤러리를 기념하기 위한 축하행사에서 모델이 바틱을 착용하고 포즈를 취하고 있는 모습이다.

그림 7-1 바틱 갤러리**

a 찹으로 만들어진 지도

b 바틱을 착용한 모델

다. 이렇게 바틱만을 따로 분류해서 갤러리를 만드는 것은 상징적인 의미를 갖는데 문화상품으로서 바틱의 중요성을 보여 줌과 동시에 전시된 바틱에서 자신들의 정체성과 자부심을 찾으려는 것으로 해석될 수 있다. 문화관광부 장관의 설명에 따르면 바틱관의 설립은 2009년 유네스코의 바틱 인류무형문화유산 등재를 기념하기 위한 것이며, 더불어 바틱이 인도네시아의 문화 정체성이 되었다는 것을 의미하는 것이다. 또한 자카르타시의 문화관광부 공무원은 바틱 설립과 관련하여 사람들이 자신들의 고유문화를 사랑하게 되기를 희망하고, 바틱이 인도네시아를 통합하는 매개체가 되기를 바란다고 말했다(「Berita Jakarta」, 2008/10/13).

박물관은 과거의 유물을 전시해서 방문객에게 역사와 전통을 교육시키는 단순한 목적뿐만 아니라 사회통합적인 기능과 국가의 정체성을 표방하는 정치적인 의도를 가지고 있다. 특히 인도네시아처럼 다양한 종족으로 이루어진 국가에서는 박물관이 국민을 하나로 통합하는 기능을 담당하기도 한다. 바틱관 신설과 무관하게 이전부터 직물 박물관 뒤편에는 바틱을 실습해 볼 수 있는 체험관이 운영되고 있다. 바틱 체험은 주로 외국인과 현지 학생들을 대상으로 참가자 자신이 직접 바틱 기념품을 만드는 관광상품을 말하는데, 족자카르타, 수라카르타, 발리 등 다양한 지역에서 널리 성행되고 있다. 이것은 바틱을 문화상품으로 개발한 대표적인 예인데 호기심으로 바틱 실습에 참가한 외국인들과 학생들이 자기도 모르는 사이에 인도네시아와 바틱을 동일시

그림 7-2 바틱 실습장

a 자카르타 직물 박물관

b 발리 우붓 지역에 있는 바틱 매장

c 찬팅 작업을 끝낸 바틱 밑그림(발리 우붓 지역 실습장)

d 족자카르타 바틱 박물관에서 바틱 실습을 하는 독일인

하게 하는 효과가 있다. 실습은 단순히 배우거나 시각적으로 보고 인식하는 것과는 다른 차원의 학습효과를 가져올 수 있다.

바틱의 요람이라고 할 수 있는 수라카르타에서는 매년 솔로* 바틱 카니발(Solo Batik Carnival)을 개최하고 있다. 바틱으로 화려하게 꾸며진

그림 7-3 솔로 바틱 카니발(Solo Batik Carnival)

a 2009년 거리행진[26]

b 2009년 거리행진[27]

c 2017년 거리행진

형형색색의 옷과 가면을 착용한 참가자들이 시내의 거리를 행진한다. 2008년부터 축제는 관광객 유치를 위한 관광상품 개발의 일환으로 매년 개최되고 있다. 2010년에는 솔로 바틱 카니발 팀 150명이 싱가포르에서 개최된 칭게이(Chingay) 축제**에 인도네시아 대표로 초대받아 참가했다. 2013년에는 인도네시아의 타 지역 참가자들이 지역을 대표하는 의상을 입고 참가함으로써 축제의 규모와 의미가 확대되었다. 필자가 참석했던 2017년 바틱 카니발에서는 거리행진에 앞서 다양한 음악 공연이 펼쳐졌고, 거리행진에서는 바틱뿐만 아니라 제복을 입은 군악대, 교복을 입은 학생, 다양한 공연을 펼치는 전문 공연단이 어우러져 시민 전체가 함께하는 축제의 장이 만들어졌다.

2. 바틱을 활용한 마케팅

바틱 모티프의 사용은 직물에 한정되지 않고 다양한 분야로 확장되고 있다. 바틱 모티프는 택시, 버스, 기차, 항공기와 같은 운송수단뿐만 아니라 신용카드, 전자제품에 이르기까지 일상의 다양한 사물에서도 활용되고 있다.

* 솔로(Solo)는 수라카르타시를 지칭하는 또 다른 이름이다.

** 중국에서 유래된 축제로서 1973년부터 매년 실시되는 대규모 거리 퍼레이드 공연이다. 축제 기간에 다양한 국가로부터 각국을 대표하는 공연자들이 참가한다.

바틱을 마케팅에 활용한 사례들을 살펴보면, 수라카르타시는 2010년 10월 자카르타에서 운행되고 있는 트랜스 자카르타(trans Jakarta) 버스 시스템을 도입했는데, 버스의 측면을 바틱 모티프로 장식하고 이름을 '바틱 솔로 트랜스(Batik Solo Trans)'로 정했다. 인도네시아의 대표적인 운송회사인 블루 버드 그룹(Blue Bird Group)은 2010년 10월 바틱의 유네스코 인류무형문화유산 등재를 기념하고 회사의 업무와 서비스 향상을 도모하기 위해 바틱으로 장식된 제복을 자사의 모든 택시 기사들의 복장으로 결정하고 이를 기념하는 행사를 가졌다. 또한 블루 버드 그룹은 'BATIK'이라는 단어를 구성하는 각각의 철자와 영어 단어를 연관시켜 회사의 경영 방침을 만들었고,* 2012년 7월에는 인도네시아의 제2대 도시인 수라바야에서 바틱으로 디자인된 '블루 버드 바틱 택시' 운행을 개시했다. 인도네시아 국영 철도회사는 2011년 2월에 자카르타-반둥을 오가는 기차의 외관을 바틱 모티프로 장식했는데, 모티프는 반둥 기술대학의 디자인학과 학생들에 의해 도안되었다.** 같은 해 5월에는 자카르타-치르본 구간, 자카르타-수라카르타 구간에서도 식당객차를 바틱 모티프로 장식한 기차 운행을 개시했다. 인도네시아의 가장 큰 저가 항공사인 라이온 에어(Lion Air)는 국

* 경영방침은, 명예로운 행동(B-behavior in honor), 안전과 편안함 보장(A-assurance of safety and comfort), 진실한 미소(T-truthful smile), 교통 법규 준수(I-Implementing the traffic regulation), 고객 만족 유지(K-keep the customer satisfy)이다.

** 도안된 모티프는 부케탄 큼방 쿠푸(buketan kembang kupu), 부켓 부룽(buket burung), 펙시 기식 로로(peksi gisik loro)이다.

그림 7-4 바틱 솔로 트랜스(Batik Solo Trans)[28]

그림 7-5 2블루 버드 바틱 택시(Blue Bird Batik Taxi)[29]

적 항공사인 가루다 항공과 다른 국제 항공사에 대한 경쟁력을 높이기 위해 2013년 5월 저가 항공이 아닌 완전한 서비스를 제공하는 자회사 '바틱 항공(Batik Airlines)'을 설립했다. 바틱 항공은 현재 자카르타와 국내 주요 도시를 연결하는 노선을 운행하고 있고 점차 아세안 국가의 주요 도시로 노선을 확대할 계획을 가지고 있다. 바틱 항공은 꼬리 부분이 바틱 모티프로 장식된 바틱 에어(batik air) 항공기를 사용하고 있다. 2011년 10월 인도네시아의 주요 은행 중 하나인 BCA(Bank Central Asia) 은행에서 바틱 모티프로 도안된 신용카드를 발행했다. 카드에 사용된 도안은 영

그림 7-6 바틱 항공기(Batik Air)[30]

원한 삶과 행운을 상징하는 불사조와 인간의 삶의 끝없는 여정을 의미하는 구름으로 구성되었는데, 이는 사용자에게 행운을 가져다준다는 의미를 내포한다. 2012년 2월 BNI(Bank Negara Indonesia)은행에서도 바틱 모티프로 도안된 신용카드를 발행했다.

이상에서 살펴본 것처럼 바틱은 다양한 분야로 범위를 확장하고 있다. 수라카르타시는 바틱 버스를 통해 관광객 유치를 꾀하고 시민들에게는 바틱에 대한 자부심을 고취시키고 있다. 더불어 시민들이 자랑스러워 하는 바틱의 본고장이 솔로(수라카르타)임을 강조한다. 저가 항공사인 라이온 에어가 인도네시아 중상류층 고객을 겨냥해서 설립한 자회사의 이름으로 바틱을 사용하는 것, BCA 은행과 BNI 은행이 고급 신용카드의 표면을 바틱으로 장식하는 것, 블루 버드 택시 기사에게 바틱으로 장식된 제복을 착용하게 하는 것으로부터, 기업이 바틱을 세련되고 고급스러운 이미지와 결부시켜 자사의 상품이나 기업의 이미지를 고급화하려는 의도가 있음을 추론할 수 있다. 또한 기업이 문화를 적극적으로 수호하는 노력을 기울이고 있다는 것을 부각시키기 위해 소비자들이 자랑스러워 하는 바틱을 활용하고 있음을 짐작할 수 있다.

그림 7-7 BCA 바틱 플래티넘 카드[31]

그림 7-8 인도네시아 LG 전자의 바틱을 통한 사회 기여

한편 외국계 기업 중에서 바틱 모티프를 이용해 소비자들에게 상품을 홍보하고 자신들이 인도네시아 사회의 일원임을 각인시키려는 사례들도 있다. 한국 기업인 LG전자는 자사의 인도네시아 진출 20주년을 기념하기 위해 2010년 10월 인도네시아 야야산 바틱 인도네시아(Yayasan Batik Indonesia)와 함께 인도네시아 전역으로부터 뛰어난 장인 15명을 초대해서 냉장고(10대)와 세탁기(5대)의 외부 디자인을 바틱 모티프로 장식했다. 바틱 냉장고와 세탁기는 그해 12월 경매를 통해 판매되었고 그 수익금은 한 여성단체에 기부되었다.*

* 2011년 1월 야야산 바틱 인도네시아(Yayasan Batik Indonesia) 사무실에서 야쿠부 숩로토(Yakub Subroto)와 인터뷰를 실시했다. 그는 LG전자의 바틱 냉장고와 세탁기 출시는 바틱 모티프를 사용한 최초

일회적인 행사였지만 이 사례에서 몇 가지 의미를 찾을 수 있다. 첫 번째, 인도네시아 기업이 아닌 외국계 기업이 진출 국가의 문화를 상업화하는 과정에서 바틱을 이용했다는 것은 바틱이 이미 대외적으로 대표성을 획득했다는 뜻이다. 또한 전자제품에 바틱 모티프를 도입했다는 것 자체가 바틱이 높은 상징성 가지고 있다는 것을 의미한다. 두 번째, LG전자가 바틱을 기부의 방편으로 사용한 것은 상업적인 전략과 함께 바틱을 통해 그 사회의 일원임을 나타내려는 포석으로 해석된다. 마지막으로 바틱 모티프를 그리기 위해 인도네시아 전역에서 장인을 불러 모았다는 것은 어느 특정 지역의 모티프에 국한되지 않고 인도네시아 전체를 아우르는 다양한 모티프를 사용하려는 것으로서 바틱의 지역색을 인정하면서도 그 지역색 하나하나가 모이면 인도네시아를 대표할 수 있다는 개념이 밑바탕에 깔려 있다고 볼 수 있다.

메르세데스-벤츠 인도네시아는 2010년에 자사의 인도네시아 진출 40주년을 기념하기 위해 인도네시아 바틱 디자이너인 차르마니타(Carmanita)의 도움을 받아 바틱 모티프로 장식된 자동차(C250 Avantgarde)를 제작했다. 이 특별 제작된 자동차는 경매를 통해 인도네시아의 한 기타 연주자에게 10억 루피아에 판매되었고 회사는 그 수익금을 사회단체에 기부했다. 바틱과 관련된 상품과 행사들은 다국적기업들이 역점을 두고 지속적으로 진행하고 있는 일반적인 사회책임경영(CSR) 활

의 전자제품으로 그 자체는 매우 고무적이지만 수익금이 바틱을 위해 사용되지 않은 것에 대해서는 큰 아쉬움을 나타냈다.

그림 7-9 메르세데스 바틱(Mercedes Batik)[32]

동에 비해 매우 일회적인 것임에도 불구하고 그 파급효과가 크고 사회적 관심도도 높다.

인도네시아에 진출한 해외기업들이 자사의 상품 홍보, 현지화 전략, 그리고 기업의 사회책임경영의 한 방편으로 바틱을 선택하고 있다. 이는 한편으론 해외법인들이 바틱을 통해 자사의 상품 홍보를 극대화시키려는 전략으로 해석될 수 있지만, 또 다른 한편으론 비록 해외법인이지만 사회 구성원으로서 상품화된 문화와 상호작용함으로써 자신들을 그 사회의 일원으로 만들어 가는 과정으로 간주할 수도 있다.

3. 바틱의 상업화

19세기 초 유럽에서 수입된 면직물이 처음 인도네시아로 밀려들어 올 때 유럽 제품의 주요 경쟁 품목은 인도네시아 직물이 아니라 인도산 제품이었다. 만약 찹의 개발과 화학 염료의 도입으로 시작된 바틱의 산업화가 없었다면 인도네시아 직물시장은 아마도 유럽에서 수입해 온 면직물에 의해 완전히 점령되었을 수도 있다. 바틱 산업이 번창하던 1920년대에는 바틱 제조업자들이 수입 대리석과 샹들리에로 장식된 크고 화려한 집에 살면서 사람들로부터 바틱 왕(ratu batik)이라고 불리기까지 했다. 외국자본에 의해 운영되는 사업이 지배적이었던 인도네시아 경제에서 19세기 후반부터 1960년대까지 바틱 산업은 현지를 대표하는 상징적인 산업이었다(Sekimoto, 2003).

하지만 바틱 산업이 항상 호황을 누린 것만은 아니다. 세계경제의 흐름에 크게 좌우되고 서구화된 옷이 선호되면서 여러 차례 어려운 시기를 겪기도 했다. 필자가 인도네시아 유명 바틱 디자이너의 남편이자 인도네시아대학의 인류학 강사인 로니 시스완디를 만날 기회가 있어서 "인도네시아 바틱이 지금 전성기를 누리고 있는 가장 큰 이유가 무엇인가요?"라고 물었는데, 그는 아무런 망설임 없이 "시장의 높은 수요"라고 대답했다.* 이 말은 마치 순환논리의 오류와 같다. "장사가 왜 잘 됩니까?", "손님이 많아서요"라는 답변과 같은 것이다. 하지만 곰씹어 생각해 보면 그 대답 안에 많은 것이 포함되어 있음을 알 수 있다. 바틱의 상업적 성공의 일등공신은 다름 아닌 시장의 수요다. 인도네시아 시내의 유명 백화점에서부터 지방의 재래시장까지 바틱 상점을 볼 수 없는 곳은 거의 없다. 바틱 산업에 직·간접적으로 종사하는 근로자의 수와 단일 상품으로서 바틱의 시장 규모는 상당하다.

바틱의 상업적 성공의 근본적인 원천은 의상으로서 바틱이 가지고 있는 실용성과 심미성에서 찾을 수 있다. 바틱은 덥고 습한 인도네시아 기후에도 아주 편안하고 간편한 복장일 뿐만 아니라 상업화 과정을 거치면서 현대인의 삶에 적합한 형태로 진화했다. 일반적으로 인도네시아 전통의상은 일상복으로 입기에 불편하고 세탁하기가 어렵다. 바틱 디자이너인 네넹 이스칸다르(Neneng Iskandar)의 설명에 따르면 바틱을 제외한 대부분의 인도네시아 전통의상은 세탁이 불가능한 예식을 위한 의복이다.** 바틱의 편리성은 바틱이 생산되지 않는 지역에서도 바틱의 수요를 창출했다. 이러한 실용성은 외국인 및 관광객의 바틱 구매에도 크게 영향을 미쳤다. 바틱은 미국, 다수의 유럽국

* 2010년 10월 3일 자카르타 오빈 하우스(Obin House)에서 바틱의 상업적 성공 요인과 문화적 가치에 대해 인터뷰를 실시했다. 그는 바틱의 상업적 성공 요인을 시장의 수요라고 답했다. '바틱에 대한 시장의 수요가 높은 이유가 무엇인가?'라는 질문에 대해, 간략하게 설명할 순 없지만 소비자들의 바틱에 대한 애정과 실용성 그리고 디자인의 아름다움 등이 큰 비중을 차지한다고 답했다.

** 네넹 이스칸다르(Neneng Iskandar)는 '바틱 인도네시아'를 만든 하르조나고로의 제자이다. 그녀는 스승인 하르조나고로가 죽고 2008년 그의 이야기를 담은 *Batik Indonesia & Sang Empu: Go Tik Swan Panembahan Hardjonagoro*(바틱 인도네시아 & 거장: 하르조나고로)라는 책을 출판했다. 인터뷰는 2013년 3월 8일 자카르타의 직물 박물관에서 실시했다.

가, 아프리카, 일본 등에 수출되고 있으며 인도네시아에 거주하는 많은 외국인들도 일상복으로 구매하고 있다.

외국인이나 관광객이 바틱을 구입하는 경우는 크게 네 가지로 구분될 수 있다. 첫째, 위에서 언급된 바틱의 실용성과 바틱을 착용함으로써 얻을 수 있는 혜택이다. 바틱은 인도네시아처럼 열대성 기후에 적합한 복장이고 더욱이 공식적인 모임에서 양복을 대신해서 착용할 수 있기 때문에 매우 실용적이다. 둘째, 외국인 스스로가 바틱을 좋아해서 구입하는 경우도 있지만 자신이 체류하는 사회의 일원으로서 행사에 참여하거나 조직에서 활동할 때 바틱을 입음으로써 누리는 혜택을 얻기 위한 것도 크게 작용한다. 바틱을 착용한다는 것은 외국인으로서 인도네시아에 우호적인 감정을 가지고 있다는 것에 대한 간접적인 표현이 될 수 있고, 착용자 스스로에게 소속감을 불러일으키는 데도 도움이 된다. 이러한 행위의 바탕에는 바틱이 인도네시아의 대표적인 문화상품이고 정체성을 내포하고 있다는 전제가 깔려 있다. 셋째, 문화에 관심을 갖고 바틱을 수집하거나 장식을 목적으로 구입하거나 혹은 그 이상의 목적인 연구를 위해 구입하는 경우이다. 마지막으로 단순한 호기심이나 기념품으로서 바틱을 구입하는 경우다. 지구화의 영향으로 문화가 점점 동질화되는 추세이지만 관광산업은 국가의 정체성과 상징을 대표할 물질적인 상징을 상품으로 만드는 것에 추진력을 불어넣고 있다(Leigh, 2002). 관광객은 동질화되지 않은 장소와 문화를 체험하고 싶어 하고 방문한 곳의 정체성을 대표할 상품을 구매하길 원한다. 바틱도 이러한 목적에 부합하는 상품으로서 관광객에게 인기 있는 기념품이다. 주로 이국적인 형태나 무늬에 이끌려서 바틱을 구입하지만 일부 관광지에서 복장규정을 요구해서 어쩔 수 없이 바틱을 구입하는 경우도 있다.

그림 7-10 한글을 모티프로 사용한 바틱*

바틱의 상업적인 성공의 또 다른 요인은 바틱이 가지고 있는 유연성이다. 기술적인 측면에서 살펴보면, 바틱은 옷이나 특정 직물이 아닌 왁스의 저항력을 이용한 염색 기법인 것이다. 넓게 생각하면 바틱 기법 즉 왁스의 저항력을 이용한 염색 방법을 사용하기만 하면 그것이 꼭 옷의 형태가 아니더라도 바틱이 될 수 있다는 것이다. 한국의 한복이나 일본의 기모노처럼 특정 의상을 지칭하는 것이 아니라 바틱 기법을 사용한 모든 물건은 바틱이 될 수 있는 유연성을 가지고 있다. 바틱의 유연성은 바틱 상품의 다각화와 직접적인 연관성이 있다.

독립 이전 기존의 바틱은 단순한 직사각 혹은 정사각 형태를 띠고

* 위 사진은 한 · 인니 문화연구원의 문화 강좌 시간에 한글을 모티프의 소재로 삼아 바틱을 제작한 것으로, 염색하기 전 왁스 작업만을 마친 형태이다.

그림 7-11 일상복으로서의 바틱*

a 이슬람 의상과 바틱의 조화

b 청바지와 바틱의 조화

있었다. 하지만 바틱의 현대화가 이루어지면서 다양한 형태의 의상으로, 패션 아이템으로 변모하게 되었다. 또한 의상의 범주를 벗어나서 실내 인테리어와 순수 예술의 장르까지 진출했다. 의상을 제외한 상품의 범주를 살펴보면, 가방, 벽장식, 침대커버, 쿠션, 그리고 식탁보 등이 있다.

특히 이완 티르타는 실험적인 바틱을 개발하는 데 적극적인 모습을 보였다. 바틱으로 만들어진 직물을 가지고 현대적인 의상을 만드는 데는 태생적인 문제가 있었는데, 이는 바틱이 대략 2.5미터 길이를 넘지 않는다는 점, 디자인이 세로가 아닌 가로로 새겨져 있다는 점, 찬팅으로 정확하게 동일한 두 장의 바틱을 만들 수 없다는 점, 정확하게 동일한 색상의 바틱을 계속해서 만들 수 없다는 점 등이다. 1960년대부터 바틱을 변형시키는 새로운 시도가 있었지만 근본적으로 기존에 사용되던 바틱을 그대로 사용함으로써 큰 성공을 거두지는 못했다. 이완 티르타는 기존의 바틱보다 훨씬 큰 거대한 바틱을 제작하고 바틱을 볼트(bolt) 단위의 원단으로 만드는 연구를 거듭했다.

한편 국민의 절대다수가 무슬림으로 구성된 인도네시아 사회에서 바틱은 별다른 마찰 없이 이슬람 복장과 공존하고 있다. 인도네시아에서 무슬림 여성이 이슬람 전통의상을 착용하는 것은 개인의 의사에 따르는 것인데 지난 30년 동안 인도네시아에서 머리에 히잡을 두르는

* 수라카르타의 바틱 이슬람대학(Universitas Islam Batik Surakarta: UNIBA)의 강사.

그림 7-12 바틱의 상업화

a 바틱 모티프의 산타복장 (자카르타 쇼핑몰)

b 바틱 모티프로 장식된 크리스마스트리

c 전통시장의 바틱 상점(족자카르타)

d 바틱 모티프로 장식된 기차

여성의 수가 점차 증가하고 있다. 현재 바틱과 무슬림 의상이 모두 상업적으로 성황을 누리고 있다.

바틱 상업화의 성공은 바틱이 그 자체로 자생력이 있음을 보여 줄 뿐만 아니라 과거의 문화로 머물러 있지 않고 수요를 창출하기 위해 끊임없이 변화하고 있음을 보여 준다. 무엇보다 이미 서구적 의상이 넘쳐 나는 인도네시아 사회에서 일상복으로 착용된다는 사실은 실용성과 심미성에 바탕을 둔 실질적인 경쟁력, 상품의 다각화와 현대적 유행에 대한 빠른 적응을 가능케 하는 바틱 특유의 유연성, 그리고 인도네시아 사회의 다문화적 특징이 조화롭게 어우러진 결과물로 간주될 수 있다.

4. 외교 수단으로서의 바틱

바틱은 외국 국빈들이 방문했을 때 외교의 수단으로 이용되기도 한다. 의전에 바틱 전시장 관람 및 바틱 제작시범 등을 포함시키고 세계 정상들의 모임에서 바틱을 착용하는 행사를 기획함으로써 대외적으로 바틱이 국가를 대표하는 전통문화임을 알리는 한편 미디어를 통해 이를 지켜보는 국민들에게는 바틱의 대표과 상징성을 각인시킨다. 외교와 관련된 몇 가지 사례를 나열해 보면, 1962년에는 일본의 아키

히토 왕자와 미치코 왕자비가 바틱 전시회를 관람했고, 1970년 수하르토 대통령 시절 당시 호주 수상이었던 고튼(Gorton) 부부가 방문했을 때 영부인(Tien Soeharto)이 직접 찬팅으로 바틱을 만드는 시범을 보이기도 했다. 또한 영국의 마가렛 대처 수상과 미국 레이건 대통령의 부인인 낸시 레이건 여사도 바틱 전시회를 관람했다. 2017년 한국의 문재인 대통령의 국빈 방문 때에는 조코 위도도(Joko Widodo) 대통령이 문재인 대통령을 옆에 태우고 직접 카트를 몰고 보고르(Bogor)의 한 쇼핑몰까지 가서 바틱을 선물하는 장면을 연출하기도 했다.

2011년 자카르타 컨벤션센터에서 월드바틱서밋(the world batik summit)이라는 회의와 전시를 겸한 국제적인 행사가 있었는데, 이 행

그림 7-13 바틱 외교[33]

사의 기조연설에서 유도요노 전직 대통령은 "국제사회와 우호적인 관계를 만들기 위해 바틱을 외교의 수단으로 사용하겠다"라고 말했다. 유도요노 대통령의 연설은 인도네시아 사회에서 바틱이 어느 정도의 자리매김을 하고 있는지를 잘 보여 줄 뿐만 아니라 바틱을 통해 표방하려는 정체성이 구체적으로 어떤 것인지를 말해 준다.

유도요노 대통령은 연설 중에 스스로에게 세 가지 질문을 던지고 그 질문에 답변하는 형식으로 바틱에 대한 본인의 의견을 설명했는데, 세 가지 질문은 다음과 같다. ① 대통령 자신은 바틱을 어떻게 생각하는가? ② 바틱을 사랑하고 즐겨 착용하는 이유는 무엇인가? ③ 바틱의 미래는 어떤가? 그리고 대통령으로서 바틱의 미래를 위해 무엇을 할 것인가?

첫 번째 질문에 대해 자신은 바틱을 사랑하고, 좋아하고, 바틱을 즐겨 착용한다고 말했다. 두 번째 질문에 대해서는 바틱은 아름답고, 독특하며, 고급문화의 가치를 지니고 있음을 언급했다. 마지막 질문에 대해 유도요노 대통령은 앞의 두 질문과 다른 차원의 것임을 주지시키면서, 그 이유는 자신 혼자서 대답할 수 있는 문제가 아니라 여기에 있는 모두가 대답해야 할 문제이며 이 질문에 대한 답을 찾기 위해 이런 자리가 마련되었음을 강조했다.

이어지는 연설에서 인도네시아가 2008년부터 바틱 발전에 대한 마스터플랜을 계획했고 큰 틀에서는 2009년 유네스코의 지침을 따르고 있음을 밝혔다. 그리고 바틱이 문화, 경제, 환경, 외교의 네 가지 측면에서 조화롭게 발전되어야 함을 강조했다. 문화적 측면에서는 고급 문화 콘텐츠로서의 바틱의 보존과 발전을 강조했고, 경제적 측면에서는 최근의 바틱 산업의 확대와 수출 증대에 대한 구체적인 수치를 언급했다. 또한 바틱 산업이 주로 중소기업을 중심으로 이루어져 있기 때문에 빈곤 퇴치와 더불어 고용 증대에도 크게 이바지하고 있음을 밝혔다. 환경적 측면에서는 바틱이 초래하는 환경 문제를 예방하고 극복하기 위한 적절한 조치가 필요함을 언급했다. 가장 주목해야 할 부분인 외교적 측면에서는 바틱을 외교의 수단으로 활용하겠다는 것이다. 바틱이 외교 수단으로 이용된 것은 수카르노 대통령 때부터 내려온 것이지만 대통령의 공식적인 연설에서 바틱을 외교 수단으로 사용하겠다고 밝힌 것은 이례적이다. 유도요노 대통령은 인도네시아 바틱은 정말로 독특하고 자부심을 느낄 만큼 놀랍기 때문에 다른 나라가 바틱을 생각할 때 인도네시아를 연상하게 된다고 말했다.

덧붙여 본인이 생각하는 상품화된 문화가 한 국가의 정체성을 표출하는 예로서, 미국을 생각할 때 연상되는 할리우드 혹은 코카콜라, 터키의 블루 모스크, 싱가포르의 사자상을 언급했다. 그는 바틱을 이와 같은 인도네시아의 가시적인 정체성으로 만들고 싶다고 말하면서 인도네시아를 대표할 수 있는 상징물로 악기인 앙클룽, 전통 칼인 크리스, 그림자극, 보로부두르 사원, 프람바난 사원 등을 순차적으로 열거하면서 그들 위에 바틱을 올려놓았다.*

유도요노 대통령의 연설을 통해 국가 지도자가 바라는 바틱의 사회적 역할과 기능이 무엇인지 추론할 수 있다. 대외적으로 바틱을 통해 인도네시아에 자랑스러운 문화가 있음을 알림과 동시에 국가를 대표하는 문화가 존재한다는 것을 주지시킴으로써 인도네시아가 통합된 하나의 온전한 국가임을 표방하는 것이다. 국내적으로는 사회 구성원들이 바틱이라는 물상화된 대상을 통해 정체성과 동질감을 갖게 되는 것이다. 즉 바틱에 부여한 가치를 구매하고, 착용하고, 전시하는 행위를 통해 구성원 상호간에 동질감을 확인하고 시민이 되는 것이다. 한편 미국의 코카콜라와 바틱을 연관시키는 것은 문화의 상품화를 매우 직설적으로 표현한 사례다. 이는 바틱의 역할이 정신적인 차원에만 그치는 것이 아니라 실제의 차원에서 가시적인 상징으로서의 기능도 수행하기를 바라는 것이다.

* 연설중 인도네시아를 대표하는 것으로 언급된 것을 순서대로 정리하면 다음과 같다. ① batik(염색법), ② angklung(악기), ③ keris(칼), ④ wayang(그림자극), ⑤ Borobudur(사원), ⑥ Prambanan(사원), ⑦ Bali(섬), ⑧ Raja Ampat(섬), ⑨ Danau Toba(강), ⑩ Komodo(국립공원), ⑪ nasi goreng(음식).

8장

맺는말

바틱이라는 창 혹은 렌즈를 통해서 자바인의 삶과 문화, 국민이 형성되는 과정, 그리고 인도네시아와 말레이시아의 문화갈등을 살펴보았다. 바틱을 통해서 새롭게 해석되고 더 풍부한 의미가 부여될 수 있는 자바의 이야기 그리고 인도네시아의 이야기를 서술하였다. 하나의 시선으로 사물을 바라봄으로써 편협한 관점에 사로잡히는 것을 방지하기 위해 바틱을 둘러싼 다양한 측면을 중층적으로 살펴보았다. 결론적으로 인도네시아인들이 바틱에 부여하고 싶은 것은 자신들의 삶과 정신, 그리고 자부심이라고 생각된다.

저항력을 이용한 염색법으로 만들어진 의상을 생각하면서, 흔히 바틱을 한국의 한복과 연상하는 경우가 많다. 하지만 필자는 몇 가지 이유에서 인도네시아의 바틱은 한복보다는 한국의 김치에 더 가깝다고 생각한다. 우선, 인도네시아인들의 바틱에 대한 자부심은 한국인들의 한복보다 김치에 대한 자부심에 가깝다. 먹는 것이 결국 그 사람(You are what you eat)이라는 표현처럼 한국 사람과 김치가 등치되듯, 바틱과 인도네시아인이 등치될 수 있다. 또한 한복이 다소 현재와 동떨어진 느낌이 있는 문화라면 김치는 끊임없이 진화하는 현재의 문화다. 바틱 역시 끊임없이 변화하면서 현재의 문화로 자리 잡고 있다. 마지막으로 상업적 성공의 측면에서 바틱 산업은 김치 산업과 비교될 수 있다. 요컨대 김치에 한국인의 정신이 깃들어 있다고 표현할 수 있는 것처럼 바틱은 '자바의 영혼'에서 점차적으로 '인도네시아의 정신'으로 확대되고 있다.

그런데 바틱이 인도네시아를 대표하는 문화적 아이콘이 된 것은 바틱이 가지고 있는 그 자체의 특징과 함께 외부적 요인이 작용했음을 알 수 있다. 다른 전통문화들 중에서 바틱이 인도네시아를 대표하는 하나의 상징적 기호가 되기 위해서는 사회 구성원 즉 국민이 바틱에 상징성과 대표성을 부여하는 작업이 필요했다. 하나의 물체에 의미와 가치를 부여하는 것은 주관적이고 임의적인 행위다. 그러나 외부관찰자 입장에서 주관적이고 임의적인 것이 사회 구성원 당사자들에게는 정당한 명분일 수 있다.

근대의 국가라는 개념에 견줄 만한 정치공동체가 부재했던 인도네시아는 국민국가를 건설하는 과정에서 여러 가지 난제에 부딪쳤다. 그중에서 가장 중차대하면서도 어려운 과제는 하나로 통합된 국민을 만드는 것이었다. 인도네시아의 역사, 종족, 그리고 지리적인 특징들은 여러 종족을 하나의 국민으로 통합해야 하는 과업에 큰 장애물로 다가왔다. 또 다른 중요한 문제는 지배의 정당성을 확보하는 것이었다. 인도네시아인들에게 국민국가라는 제도는 근대적이고 이질적인 것으로 느껴졌다. 이러한 문제들을 해결하기 위해서는 국민들이 국가의 통치가 자연스럽고 마치 자신들의 행위인 것처럼 느껴지도록 할 장치가 필요했다.

개인적으로 의상에 관심이 많았던 수카르노 대통령은 바틱 디자이너인 하르조나고로에게 바틱 모티프 본래의 지역적인 특색을 살리면서 동시에 그 외연을 확장시켜 전 인도네시아를 포괄할 수 있는 모티프를 디자인하도록 지시했다. 그렇게 함으로써 자바인들의 전통문화였던 바틱을 인도네시아를 대표하는 국민문화로 성장시켰다. 수하르토 대통령 시절에는 남성의 긴소매 바틱이 공식적인 모임에서 서양의 정장을 대신할 수 있도록 하는 조례가 제정되었다. 또한 특정 요일이나 중요한 행사에 전통의상으로 간주되는 의상을 착용하는 제도가 생겨났다. 유도요노 대통령 시절에는 말레이시아와 바틱 소유권을 놓고 갈등을 빚었고 2009년 바틱이 인도네시아의 유네스코 인류무형문화유산에 등재되는 일을 계기로 바틱에 대한 국민적 관심이 높아졌다.

한편 '인도네시아를 대표할 수 있는 많은 전통, 사물, 사건 중에서 왜 하필 바틱을 선택했는가?'라는 의문이 들 수 있다. 국민을 통합하는 측면 —인도네시아 시민들에게 자신들 모두가 동일한 공간에 있고, 서로 유사한 사고의 범위와 대상을 갖고, 같은 시간을 공유하고 있다는 동질감 혹은 일체감을 갖게 한다는 점— 에서, 바틱보다는 공식언어인 바하사 인도네시아, 인쇄매체, 텔레비전 방송, 함께 치른 혁명 등이 더 큰 기여를 했을 것으로 판단된다. 더욱이 국민국가가 막 형성되던 시기에는 바틱의 위상이 지금처럼 높지 않았다. 또한 민족주의자(남성)들은 식민주의자들과 동등한 입장에서 협상을 하기 위해서는 전통의상보다는 서양식 양복을 착용해야 한다는 주장을 펼쳤고 바틱은 여러 차례 상업적으로도 어려운 시기를 겪었다. 그렇다면 바틱이 국민통합의 실질적인 기여도 측면에서 앞에서 열거된 것들보다 열세임에도 불구하고 어떻게 문화 정체성으로 인식되고 최근에 그 영향력을 더욱 확대할 수 있었을까?

먼저 바틱을 문화 정체성으로 만든 여러 요소 중에서 과거와의 연속성을 생각할 수 있다. 전통을 발명하는 주목적 중 하나가 과거와의 연속성을 인위적으로 내세우려는 것이다(홉스봄, 2004). 공식어인 바하사 인도네시아, 인쇄·방송매체, 혁명 과정의 전쟁은 전통의상에 비해 과거와의 연속성이 부족하다. 기실 인도네시아 바틱의 역사적 뿌리가 깊지 않고 자바 지역을 제외한 타 지역의 종족에게는 만들어진 전통이라고 할지라도 바틱은 인도네시아인들의 의식 속에 과거에 깊이 뿌리를 둔 문화로 인식되고 있다.

둘째, 물적 이정표(material marker)로서의 상징성, 즉 가시적인 상징성이다. 의복은 모티프를 통해 상징성과 의미를 부여받을 수 있는 기표로 사용될 수 있는 장점이 있다. 기호적인 측면에서 바틱을 설명하기 위해 기호가 가지는 자의성에 주목할 필요가 있다. 기호에서 기표와 기의가 내면적으로 어떠한 관련성도 없는 자의적인 관계라는 것을 염두에 두고 바틱을 기호로 치환했을 때, 바틱이라는 물리적 외형(기표)은 사회의 약속에 따라 다른 물질로 대체될 수 있다. 즉 다양한 문화 인자들이 바틱을 대체하는 상징으로 사용될 수 있다. 가능성 있는 후보군으로 동질감을 형성하는 데 많은 기여를 한 것으로 간주되는 바하사 인도네시아, 활자 인쇄물, 방송매체 등이 있을 수 있다. 그리고 과거와 연속성이 있거나 아니면 연속성을 창조할 수 있을 것으로 간주되는 가믈란, 와양 그림자극, 전통무용, 크리스, 전통의상 등이 또 다른 후보군이 될 수 있다. 먼저 첫 번째 군에 속한 것들은 인도네시아를 대표하는 기표로 사용되기에는 부적합하다. 즉 우표, 깃발, 의복, 기념주화, 동전 같은 가시적인 물적 이정표가 되기에 부족하다는 의미이다. 반면에 의상으로 착용되고 모티프를 통해 상징성과 의미를 부여받을 수 있는 바틱은 기표로 사용될 수 있는 장점이 있다. 그렇다면 바틱처럼 물적 이정표의 특징을 가지고 있는 크리스, 전통의상인 송켓이나 이캇도 바틱을 대신해서 기표가 될 수 있다. 적어도 개념상으로는 충분히 가능한 추론이다. 하지만 바틱이라는 기표와 인도네시아를 대표하는 정체성의 기의관계가 언어처럼 전적으로 자의적일 순 없다. 본 연구에서 살펴본 것처럼 바틱은 분명 크리스나 다른 의상에 비해 비교우위가 있다.

셋째 요소는 문화의 확장성이다. 과거의 전통을 재구성하고 현재적 필요에 의해 발굴하는 작업이 인도네시아뿐만 아니라 많은 국가에서 진행되고 있다. 하지만 상당수의 문화가 과거에 뿌리를 두었지만 현재와는 단절된 경우가 많다. 과거의 찬란한 영광을 복원하거나 그 정신을 찬양하기 위한 의식화 작업에 그칠 뿐 현재의 문화로 자리 잡지 못하고 있다. 즉 재구성된 문화가 대중에게 확산되지 못하고 박제된 문화로 존재한다. 반면 의복은 대중에게 확산되었고 대중이 즐겨 착용한다. 또한 만드는 주체가 특별한 장인이 아니라 일반적인 사람이다. 방송, 신문, 소설은 바틱에 비해 상당한 문화적 파급효과가 있지만 대중은 이러한 매체를 수용하는 수동적인 객체이지 능동적인 주체가 아니다. 가믈란, 전통춤, 와양 쿨릿, 크리스는 인도네시아를 대표하는 문화이지만 일부 전문가와 장인에 의해서만 행해지고 만들어진다. 이러한 문화에 일반 대중이 직접 참여하는 데는 많은 제약이 따른다. 이에 비해 의상은 새로운 패션 상품으로 변모하면서 그 상업적인 가치를 꾸준히 유지하고 있고 그에 따른 문화적 파급력도 커지고 있다. 따라서 전통의상을 새롭게 개발하는 것이 단일한 국민을 창조하기 위해 필요한 동질감, 유대감을 불러일으키는 부분에서 몇몇 사회·문화적 인자들에 비해 기여도가 낮지만 과거와의 연속성, 가시적 상징성, 문화의 확산성을 감안하면 국민 정체성을 구축함에 있어 상대적으로 높은 적합성을 보여 준다.

바틱이 가지고 있는 특징과 경제적·문화적 가치는 자바뿐만 아니라 인도네시아를 대표할 잠재적인 가능성과 자바 종족이 아닌 다른 소수 종족들에게 큰 거부감 없이 받아들여질 수 있는 요소를 가지고 있다. 바틱은 찬팅을 사용함으로써 다양한 모티프를 자유롭게 표현할 수 있는데, 이러한 자유로움은 모티프의 원천을 자바 세계에 국한시키지 않고 외연을 말레이 세계 전체와 인도네시아와 밀접한 연관성이 있는 외국의 다양한 문화로 확장시킨다. 이러한 확장성은 자바의 절충적이고 혼합적인 특징에 큰 영향을 받았다. 바틱이 근본적으로 여성 중심의 문화라는 점과 주로 의복의 형태로 착용된다는 점은 남성적인 성격이 강한 문화에 비해 다른 소수 종족들에게 거부감 없이 수용될 수 있는 이점이 있다. 바틱의 문화적·상업적 가치는 바틱을 과거에 머물러 있는 문화유산이 아니라 끊임없는 변화와 실험을 통해 부단하게 변모하는 현재의 문화로 만들었다. 더불어 자바인들이 바틱에 대해 가지고 있는 문화적인 자부심과 바틱이 다수 종족의 문화라는 점은 바틱이 다른 전통문화에 비해 비교 우위가 있음을 시사한다.

하지만 이러한 요소들이 상대적인 비교 우위를 제공할 수 있어도 다종족으로 구성된 인도네시아 전체를 대표할 분명한 명분을 제공하기에는 부족하다. 모티프가 혼합적인 성격을 갖고 있다는 것은 단일한 하나의 상징성을 추구하는 데 방해가 될 수 있고 바틱이 여성 중심의 문화라는 것은 직물 전반에 나타나는 보편적인 사실이다. 또한 문화적 가치와 자바인들의 바틱에 대한 자부심은 여전히 자바 중심적인 발상이고 상업적인 가치는 문화 정체성과는 별도의 기제에 의해 발생할 수 있다. 따라서 현재 바틱이 누리고 있는 문화적 번영은 바틱 자체의 가치와 의미 외의 다른 외부 요소가 가미되어서 이루어진 현상임을 추론할 수 있다.

바틱 역사에서 특히 주목할 대목은 '바틱 인도네시아'와 '말레이시아와의 바틱 소유권 갈등'이다. 두 상징적인 사건은 과거에 대한 상상, 기억, 발명에 중요한 작용을 한다. 과거 자바 중심의 문화였던 바틱이 현재 인도네시아를 대표하는 문화가 되기 위해서는 과거에 바틱이 자바 종족을 중심으로 향유되었던 문화가 아니라 인도네시아 군도 전반에 걸쳐 행해졌다는 상상 혹은 발명을 통해 만들어진 '공동의 기억'이 요구된다. 한편 '바틱 소유권 갈등'은 네이션이 원초적이고 태생적인 공동체라기보다는 르낭이 주장한 '공동의 의지'가 중요함을 보여 준다. 바틱을 매개체로 해서 과거에 대한 기억과 망각이 동시에 일어나면서 인도네시아라는 정체성이 형성되는 과정은 얀 아스만의 '문화적 기억'과 일맥상통한다.

또한 '바틱 인도네시아'와 '말레이시아와의 바틱 소유권 갈등'은 인도네시아 바틱 역사에서 주목해야 할 중요한 두 분수령으로 간주될 수 있다. 그것은 바틱이 지역문화에서 국민문화로 확대되는 국면, 그리고 내부적으로 인도네시아를 대표하는 상징에서 대외적으로 국가의 정체성을 표방하는 상징으로 영역을 확대하는 국면이다. 인도네시아 역사를 식민 지배 이전, 식민 지배 기간, 독립 운동기, 국민국가 형성기로 나누었을 때 식민 지배 기간까지는 바틱이 지역문화에 머물러 있었음을 알 수 있다. 하지만 독립을 쟁취하고 다수의 종족을 하나의 국민으로 통합하는 과정에서 바틱은 지역을 벗어나 인도네시아 전체를 대표하는 국민문화로 성장하게 되었다. 국민 형성 시기 동안 지역문화에서 국민문화로 성장한 바틱은 양복을 대신하는 공식의상으로 인정받았고 인도네시아를 대표하는 문화 정체성으로 자리매김하게 되었다. 그러나 대외적으로 인도네시아를 대표하는 상징물로서 바틱을 확실히 알린 사건은 2009년 유네스코의 인류무형문화유산 등재였다. 바틱은 인류무형문화유산으로 선정되면서 자국 내에서뿐만 아니라 국제사회에서 인도네시아를 대표하는 상징으로 문화적 영향력을 확대해 가고 있다.

종합해 보면 바틱은 근대적인 개념의 네이션이 형성되는 동안 인도네시아의 정체성을 구축하는 문화적 매개체로 이용되었고, 그 과정에서 가치가 상승되고 의미가 확대되었다. 이러한 일련의 과정을 통해 바틱은 현재 인도네시아를 대표하는 문화가 되었다. 바틱이 지니고 있는 특징 즉 내부 요소에 국가건설 과정에서 국민을 통합하려는 외부작용이 가미되어, 과거 '자바의 영혼'이었던 바틱은 보편화되고 문명화된 '인도네시아의 정신'으로 확대되었다.

주석

1 Daum 사전, http://dic.daum.net/search.do?q=%EC%9D%98%EB%B3%B5&dic=kor

2 출처: http://www.winotosastro.com/batik/batikyogya.html

3 출처: https://halloweenf.blogspot.com/2017/03/gambar-batik-parang-barong.html

4 출처: https://en.wikipedia.org/wiki/File:Tube_skirt_(sarong),_with_%27patchwork%27_(tambal-tambalan)_motif_-_Google_Art_Project.jpg

5 출처: https://www.buatbunda.com/berbagai-motif-batik-yang-mudah-digambar-untuk-anak-smp-dan-sd/

6 출처: van Roojen 2001.

7 출처: https://en.wikipedia.org/wiki/File:Wrap_cloth_(kain_panjang),_with_Chinese_figures_motif_-_Google_Art_Project.jpg

8 출처: https://commons.wikimedia.org/wiki/File:Naming_the_parts_of_a_kain_batik.jpg

9 출처: http://indonesia-product.com/forum/index.php?topic=2612.0

10 출처: http://indonesianbatik.id/2018/03/13/cara-memakai-kain-batik-untuk-dodot-pengantin-wanita-jawa-solo-basahan/

11 Heringa, 1989를 참조해서 필자가 작성.

12 Heringa, 1989를 참조해서 필자가 작성.

13 Robert Cribb, 2000. Historical Atlas of Indonesia. p.114; Wikipedia 재인용. https://en.wikipedia.org/wiki/Surakarta_Sunanate#/media/File:Mataram_1830-en.png

14 Achjadi, 2010. The Glory of Batik: The Danar Hadi Collection.

15 Sukarno Years. http://www.sukarnoyears.com/

16 Sukarno. 1965. Autobiography as told to Cindy Adams. New York: Bobbs Merrill. pp.156-157.

17 American Batik Competition "Batik Indonesia."

http://americanbatik.embassyofindonesia.org/gallery/indonesian_batik/index.htm

18 http://www.insideindonesia.org/reog-ponorogo

19 「Jakarta Post」 2010. "RI, Malaysia to avoid force in Ambalat row."June 23.

http://www.thejakartapost.com/news/2010/06/23/ri-malaysia-avoid-force-ambalat-row.html

20 인류무형문화유산 보호 협약 제1장 2조 정의.

21 Kementerian Agama Surat Pengantar Nomor: KW.30/1-b/HK.00/3028/2012.

http://korpri-banggai.blogspot.com/2012/10/peraturan-dewan-pengurus-korpri.html

22 「Asia Society」. http://asiasociety.org/blog/reasia/apec-japan-says-no-shirts

23 「Daily Mail」, 2011/11/18. http://www.dailymail.co.uk/news/article-2063352/Barack-Obamas-lukewarm-reaction-wearing-traditional-Indonesian-Batik-shirt-visit-southeast-Asia.html

24 「연합뉴스」, 2013/10/17. http://www.yonhapnews.co.kr/politics/2013/10/07/0503000000AKR20131007180000001.html

25 인도네시아 초등학교(SD) 6학년 문화·예술교재(Belajar Seni Budaya untuk SD Kelas 6)의 바틱에 관한 학습평가 문제.

26 Fafautami, 인도네시아 수라카르타 예술대학 강사이며 바틱 디자이너.

27 Fafautami, 사진 속 인물은 현 인도네시아 대통령이며, 당시 수라카르타 시장인 조코 위도도(Joko Widodo)이다.

28 http://tentangsolo.web.id/transportasi/batik-solo-trans-bst

29 http://www.tribunnews.com/metropolitan/2010/09/30/taksi-pun-bermotif-batik

30 https://airlinestravel.ro/lion-air-a-comandat-cinci-boeing-787-dreamliner-pentru-batik-air.html

31 http://www.bca.co.id/en/about/news/2011_nov_01_the_beauty_of_batik_appears_on_your_bca_card_platinum/2011_nov_01_the_beauty_of_batik_appears_on_your_bca_card_platinum.jsp

32 https://indonesiaproud.wordpress.com/2010/02/28/mobil-batik-mencatat-sejarah-lewat-

batik/

33 https://breakingnews.co.id/read/ajak-keliling-pasar-tradisional-presiden-joko-widodo-berikan-batik-untuk-presiden-korea-selatan

참고 문헌

[한국어 문서]

김영목. 2004. “역사적 기억과 망각된 역사: 크리스티안 디트리히 그라베의 역사 드라마들을 중심으로.”『뷔히너와 현대문학』23: 209-238. 한국뷔히너학회.

르낭, 에르네스트. 2002. 신행선 역.『민족이란 무엇인가』. 서울: 책세상.

박종성. 2010.『패션과 권력』. 서울: 서울대학교출판문화원.

박지향. 2007.『제국주의: 신화와 현실』. 서울: 서울대학교출판부.

사이드, 에드워드. 1999. 박홍규 역.『오리엔탈리즘』. 서울: 교보문고.

아스만, 알라이다. 2012. 변학수·채연숙 역.『기억의 공간: 문화적 기억의 형식과 변천』. 서울: 그린비.

에덴서, 팀. 2008. 박성일 역.『대중문화와 일상, 그리고 민족 정체성』. 서울: 이후.

에드거, 앤드류· 세즈윅, 피터. 2003. 박명진 외 역.『문화 이론 사전』. 서울: 한나래.

오스본, 밀턴. 2000. 조흥국 외 역.『한 권에 담은 동남아시아 역사』. 서울: 오름.

우치다 다츠루. 2012. 이경덕 역.『푸코, 바르트, 레비스트로스, 라캉 쉽게 읽기』. 서울: 갈라파고스.

유네스코와 유산a. “인류무형문화 유산이란.” http://www.unesco.or.kr/heritage/ich/index.asp (검색일: 2012.03.16).

유네스코와 유산b. “인류무형문화유산 협약.” http://www.unesco.or.kr/heritage/ich/convention.asp (검색일: 2012.03.16).

조앤, 앤트위슬. 2013. 최경희 역.『패션화된 몸』. 서울: 한성대학교 출판부.

조흥국 외. 2007.『제3세계의 역사와 문화』. 서울: 한국방송통신대학교출판부.

주경철. 2012.『대항해시대』. 서울: 서울대학교출판문화원.

컬로그, 피오나. 2012. 박장식 외 역.『동남아의 예술세계』. 서울: 솔과학.

크레인, 다이내너. 2004. 서미역 옮김.『패션의 문화와 사회사』. 경기도: 한길사.

푸코, 미셸. 2011. 오생근 역. 『감시와 처벌: 감옥의 역사』. 경기도: 나남신서.

홉스봄, 에릭· 레인저, 테렌스. 편. 2004. 박지향·장문석 역. 『만들어진 전통』. 서울: 휴머니스트.

[외국어 문서]

Achjadi, Judi. 1989. "Batiks in the Central Javanese Wedding Ceremony." In Gittinger Mattiebelle (ed.). *To Speak with Cloth: Studies in Indonesian Textiles*. pp.151-162. Japan: Museum of Cultural History.

______. 1999. "The Twentieth Century." In Achjadi Judi (ed.). *The Spirit of Indonesia*. pp.84-123. Jakarta: Yayasan Batik Indonesia.

______. 2003. "Membangun Jati Diri Bangsa(국민 정체성 만들기)." In Achjadi, Judi and Belinda, Gunawan and Mariah, Waworuntu and Ananda, Moersid and Noes, Moeljanto Djojomartono and Elsie, Soenarya and Neneng, Iskandar and Judy, Soemarsono (eds.). *Permata Cita: Koleksi Kain Ibu Negara*(소중한 이상: 영부인의 직물 컬렉션). pp.14-139. Jakarta: Himpunan Wastraprema.

______. 2006. *Open Letter to Mr Sulaiman Abdul Ghani from Judi Achjadi*(공개서한).

______. 2009. "Indonesia Batik."(Prepared for the UNESCO Presentation) 미발표 자료.

______. 2010. *The Glory of Batik: The Danar Hadi Collection*. Singapore: Batik Danar Hadi.

American Batik Competition. 2011. "Batik Indonesia." http://americanbatik.embassyofindonesia.org/gallery/indonesian_batik/index.htm(검색일: 2012.12.20).

Andaya, Barbar W. 1989. "The Cloth Trade in Jambi and Palembang Society during the Seventeenth and Eighteenth Centuries." *Indonesia* 48: 27-46. New York: Southeast Asia Program Publications at Cornell University.

Anderson, Benedict. 2006. *Imagined Communities: Reflection on the Origin and Spread of Nationalism*. London: Verso. *Antara*. 1972. "Governor declares batik formal wear for Djakarta." June 13.

Andi Abdussalam. 2009. "Malaysia's Pendet dance ad sparks Indonesian protests." *Antaranews*. August 25.

http://www.antaranews.com/en/news/1251197912/malaysias-pendet-dance-ad-sparks-indonesian-protests(검색일: 2015. 03. 05).

Assman, Yan. 2011. *Cultural Memory and Early Civilization: Writing, Remembrance, and Political Imagination*. New York: Cambridge University Press.

Ave, Joop. and Hitchcock, Michael. and Jay, Sian E. 2008. *Indonesian Arts and Crafts*. Jakarta: Bab Publishing Indonesia.

Ayu Sutarto. 2006. "Becoming a True Javanese: A Javanese view of attempts at Javanisation." *Indonesia and the Malay World*, 34(98): 39-53.

BBC News. 2009. "Malaysia and Indonesia try to mend ties." November 12. http://muslimvillage.com/forums/topic/55325-malaysia-and-indonesia-try-to-mend-ties/(검색일: 2015. 04. 02).

Beek, Van Aart. 1990. *Life in the Javanese Kraton*. Singapore: Oxford University Press.

Berita Jakarta. 2008. "Indonesian Batik Gallery Present in Textile Museum." October 13. http://beritajakarta.com/2008/en/newsview.aspx?id=16963(검색일: 2013. 11. 20).

Bob, Teoh. 2007. "A Love Song Gone Sour." Myshinshew. http://www. mysinchew.com/node/4020(검색일: 2015. 03. 10).

Brown, Colin. 2003. *A Short Story of Indonesia: The Unlikely Nation?*. Singapore: Allen & Unwin.

Carey, Peter. 1996. "The World of the Pasisir." In Heringa, Rens and Veldhuisen, Harment C. (eds.). *Fabric of Enchantment: Batik From the North Coast of Java*. pp.20-29. Singapore: Weatherhill Inc.

Chatterjee, Neil. 2012. "Malaysia steps on Indonesia's toes in dance dispute." Reuters. June 27. http://www.reuters.com/article/2012/06/27/us-indonesia-malaysia-culture-idUSBRE85Q1RG20120627(검색일: 2015. 04. 15).

Clark, Marshall and Pietsch, Juliet. 2014. *Indonesia-Malaysia Relations: Cultural heritage, politics and labour migration*. London and New York: Routledge.

Collins Nick. 2009. "Indonesians tell Malaysians 'Hands off our batik'." *Telegraph*. October 5.

Cookson, Michael Benedict. 2008. "Batik Irian: Imprints of Indonesian Papua." Ph.D Dissertation: The Austrian National University.

Davis, Fred. 1994. *Fashion, culture, and identity*. Chicago: The University of Chicago Press.

Djoemena Nian J. 1990, *Ungkapan Sehelai Batik*(바틱 표현)*: Its Mystery and Meaning*. Jakarta: Penerbit Djambatan.

Edensor, Tim. 2002. *National Identity, Popular Culture and Everyday Life*. Oxford: Berg.

Edleson, Mary Jane. and Damais, Soedarmadji J. H. 1990. *Sekaring Jagad Ngayogyakarta Hadiningrat*(족자카르타 궁궐의 꽃 세계). Jakarta: Himpunan Pencinta Kain Batik & Tenun.

Elliott, Inger McCabe. 2004. *Batik: Fabled cloth of Java*. Singapore: Perilous Editions.

Eric Musa Piliang. 2008. "Batik, a symbol of Javanese domination?" *Jakarta Post*. November 23.

Foster, Robert J. 1991. "Making National Cultures in the Global Ecumene." *Annual Review of Anthropology* 20: 235-260.

Fraser-LU, Sylvia. 1991. *Indonesian Batik: Processes, Patterns and Places*. Singapore: Oxford University Press.

Geertz, Clifford. 1960. *The Religion of Java*. Glencoe: The Free Press.

______. 1973. *The Interpretation of Cultures*. London: Fontana.

Gillow, John. 1992. *Traditional Indonesian Textiles*. Singapore: Toppan Printing.

Gittinger, Mattiebelle. 1985. *Splendid Symbols: Textiles and Tradition in Indonesia*. Singapore: Oxford University Press.

Gluckman, Dale Carolyn. 1996. "Introduction." In Heringa, Rens and Veldhuisen, Harment C. (eds.). *Fabric of Enchantment: Batik From the North Coast of Java*. pp.14-19. Singapore: Weatherhill Inc.

Hardjonagoro, KRHT. 1980. "The Place of Batik in the History and Philosophy of Javanese Textiles: A Personal View." In M.S. Gittinger (ed.). *Batik and Textiles: Irene Emery Roundtable on Museum Textiles*. pp.223-242. Washington DC: Washington Textile Museum.

______. 1999. "Motifs and Meanings." In Achjadi Judi (ed.). *The Spirit of Indonesia*. pp.84-123. Jakarta: Yayasan Batik Indonesia.

Heringa, Rens. 1989. "Dye Process and Life Sequence: The Coloring of Textiles in an East

Javanese Village." In Gittinger Mattiebelle (ed.). *To Speak with Cloth: Studies in Indonesian Textiles*. pp.107-130. Japan: Museum of Cultural History.

______. 1996. "The Historical Background of Batik on Java." In Heringa, Rens and Veldhuisen, Harment C. (eds.). *Fabric of Enchantment: Batik From the North Coast of Java*. pp.30-37. Singapore: Weatherhill Inc.

Holst Frederik. 2007. "(Dis-) Connected History: The Indonesia-Malaysia Relationship." In Eva Streifeneder and Antje Missbach (eds.). *Indonesia The Presence of the Past*. pp.327-340. Berlin: Regiospectra Verlag.

Hooker, Virginia Matheson. 2003. *A Short History of Malaysia*. Singapore: Allen & Unwin.

Iwan Tirta. 1996. *A Play of Light and Shades*. Jakarta: Gaya Favorite Press.

______. 1999. "Batik in Fashion." In Achjadi Judi (ed.). *The Spirit of Indonesia*. pp.168-211. *Jakarta*: Yayasan Batik Indonesia.

Jakarta Globe. 2012. "Malaysian Official: Tor-Tor Dance Originates in Indonesia, But." September 20.http://thejakartaglobe.beritasatu.com/archive/malaysian-official-tor-tor-dance-originates-in-indonesia-but/(검색일 2015.06.10).

Jakarta Post. 1999. "Korpri pledges reform to retain members." June 27. http://www.thejakartapost.com/news/1999/06/27/korpri-pledges-reform-retain-members.html(검색일: 2010. 10. 15).

______. "Life with Batik." February 15. http://www.thejakartapost.com/news/2009/02/15/a-life-with-batik.html(검색일: 2010. 09. 15).

______. 2012. "Revival of Kampung Laweyan's Batik industry." March 16. http://www.thejakartapost.com/news/2012/03/16/revival-kampung-laweyan-s-batik-industry.html(검색일: 2012. 04. 15).

______. 2013. "APEC Leaders to wear Balinese 'endek' during summit." September 23. http://www.thejakartapost.com/news/2013/09/23/apec-leaders-wear-balinese-endek-during-summit.html(검색일: 2013. 10. 8).

Kahlenberg, Mary Hunt. 2010. "Close Observation and Priceless Memories." In Ruth Barnes and Mary Hunt Kahlenberg (eds.). *Five Centuries of Indonesian Textiles*. pp.10-26.

Munich: Delmonico Books-Prestel.

Kerlogue, Fiona.2004. *Batik: Design, Style & History*. Singapore: Thames & Hudson.

Koentjaraningrat. 1989,*Javanese Culture*. Malaysia: Oxford University Press.

Laporan Penyelenggaraan World Batik Summit. 2011. "Sambutan Presiden Republik Indonesia(인도네시아 대통령 환영사)."

Lee, Chor Lin. 2007. *Batik: Creating an Identity*. Singapore: National Museum of Singapore.

Leigh, Barbara. 2002. "Batik and Pewter: Symbols of Malaysian Pianissimo." *Journal of Social Issues in Southeast Asia*. 17(1): 94-109.

Lim Merlyna. 2009. "Of different Malays: The Problem of Boundaries." Jakarta Post. September 4. http://www.thejakartapost.com/news/2009/09/04/of-different-malaysthe-problem-boundaries.html(검색일: 2015. 03. 10).

Liow, Joseph Chinyong. 2005. The Politics of Indonesia-Malaysia Relations: One Kin, Two Nations. New York.: Routledge.

______. 2010. "Indonesia-Malaysia Relations: Baggage of 'Blood Brotherhood'." Rajaratnam School of International Studies(RSIS) Commentaries.

Lubis, Abdur-Razzaq. 2001. "The Politics of Identity Construction: The Case of the Mandailing People." The Asian Face of Globalisation Reconstructing Identities, Institutions, and Resources, The Papers of the 2001 API Fellows. pp.115-123.

Maxwell, Robyn. 2003, *Textiles of Southeast Asia: Tradition, Trade and Transformation*. Hong Kong: Periplus Editions.

Ministry of Culture and Tourism of the Republic of Indonesia. 2008. *Indonesian Batik Transforming Tradition into a Modern Trend*. Jakarta: PT. Adem Sari Tirta Buana.

Neneng Iskandar. 2008. *Batik Indonesia & Sang Empu: Go Tik Swan Panembahan Hardjonagoro*(바틱 인도네시아 & 거장: 하르조나고로). Jakarta: Tim Buku Srihana.

Olick, Jeffrey K. 2008. "Collective Memory." In Darity, William A. (ed.). *International Encyclopedia of the Social Sciences 2nd edition*. pp.7-8. U.S.A.: Macmillan Reference.

Olick, Jeffrey K. and Robbins, Joyce. 1998. "Social Memory Studies: From "Collective Memory" to the Historical Sociology of Mnemonic Practices." *Annual Review of Sociology*. Vol.

24: 105-140. U.S.A.: Macmillan Library Reference.

Owen, Norman G. *et al*. 2005. "Changing Names." In Owen, Norman G. (ed.). *The Emergence of Modern Southeast Asia*. pp.xvii-xxiii America: University of Hawai'i Press.

Pringle, Robert. 2010. *Understanding Islam In Indonesia: Politics and Diversity*. Singapore: University of Hawai'i Press Honolulu.

Ramelan, Tumbu and Mashadi, Wisjnuwati and Syakur, Atif and Suhartanto. 2010. *The 20th Century Batik Masterpieces*. Jakarta: R Communications.

Reid, Anthony. 2011. *To Nation By Revolution: Indonesia in the 20th Century*. Singapore: NUS Press.

Renan, Ernest. 1995. "Qu'est-ce que'une nation." In J. Hutchinson and A. Smith (eds.). *Nationalism*. pp.17-18. Oxford: Oxford University Press.

Ricklefs, M. C. 1993. *A History of Modern Indonesia since c.1300*. Hong Kong: Stanford University Press.

Ridlo Aryanto. 2001. "Traditional Javanese 'mitoni' ceremony has different styles." *Jakarta Post*. July 22.

Riwanto Tirtosudarmo. 2005. "The Orang Melayu and Orang Jawa(믈라유인과 자바인) in the 'Lands Below the Winds'." *CRISE Working Paper* 14.

Roces, Mina. 2009. "Gender, Nation and the Politics of Dress in Twentieth-Century Philippines." In Roces, Mina and Edwards, Louise (eds.). *The Politics of Dress in Asia and the Americas*. pp.19-41. Great Britain: Sussex Academic Press.

Roces, Mina and Edwards, Louise. 2009. "Trans-National Flows and the Politics of Dress in Asia and the Americas." In Roces, Mina and Edwards, Louise (eds.). *The Politics of Dress in Asia and the Americas*. pp.1-18. Great Britain: Sussex Academic Press.

Runyan, Curtis. 1998. "Indonesia's Discontent." *World·Watch*(May/June): 12-23. S. Soetopo. 1983. Batik. Jakarta: PT. Indira.

Sagita, Dessy. 2009. "Indonesian Minister Rejects Malaysian Pendet Apology." *Jakarta Globe*. August 28.

http://www.thejakartaglobe.com/archive/indonesian-minister-rejects-malaysian-pendet-apology/(검색일: 2010. 11. 20).

Seekins, Donald, M. 1993. "Historical Setting." In Frederick, William H. and Worden, Robert L. (eds.). *Indonesia: A Country Study(Area Handbook Series)*. pp.1-65. Washington D.C.: Department of Army.

Sekimoto, Teruso. 2003. "Batik as a Commodity and a Cultural Product." In Yanashita, Shinji and Eades, J.S. (eds.). *Globalization in Southeast Asia: Local, National and Transnational Perspective*. pp.111-125. U.S.: Berghan Books.

Shamsul, A. B. 2001. "A History of an Identity, an Identity of a History: The Idea and Practice of 'Malayness' in Malaysia econsidered." Journal of Southeast Asian Studies 32: 355-366.

Simuh. 1998. "Suluk: the Spiritual Poetry of Javanese Muslim." In Fox, James. J. (eds.). *Religion and Ritual*. pp.14-15. Singapore: Archipelago Press.

Siswandi, Rony. 1999. "The Roots of Tradition." In Achjadi Judi (ed.). *The Spirit of Indonesia*. pp.20-35. Jakarta: Yayasan Batik Indonesia.

Sri Soedewi Samsi. 2011. *Techniques, Motifs & Patterns Batik Yogya & Solo*. Yogyakarta: Yayasan Titian Masa Depan.

Star. 2006. "Study on Impact of Indon Maids." August 30. http://www.thestar.com.my/Story/?file=%2F2006%2F8%2F30%2Fnation%2F15270442&sec=nation(검색일: 2015. 07. 10).

____. 2007. "Rasa Sayang is Malaysia's folk song too, says Rais." October 4. https://www.thestar.com.my/news/nation/2007/10/04/rasa-sayang-is-malaysias-folk-song-too-says-rais/(검색일: 2012. 05. 04).

Sukarno. 1965. *Autobiography as told to Cindy Adams*. New York: Bobbs Merrill.

Sulaiman Abdul Ghani. 2005. "The Study of the Movements of Design on Malaysian Batik." Asean Traditional Textiles Symposium 발표문.

Taylor, J. Gelman. 2009. "Identity, Nation, and Islam." In M. Roces and L. Edwards (eds.). *The Politics of Dress in Asia and the Americas*. pp.101-120. Great Britain: Sussex Academic Press.

Tumengkol, Avian E. 2009. "UNESCO: Batik is Indonesian Heritage." Waspad Online. October 2. http://waspada.co.id/index.php?option=com_content&view=article&id=55879:-unesco-batik-is-indonesian-heritage&catid=30:english-news&Itemid=94(검색일: 2013. 03. 15).

Undang-Undang Dasar Negara Indonesia 1945(1945년 인도네시아 헌법). 1945.

UNESCO. 2009. "What is Intangible Cultural Heritage." *Kit on the Convention for the Safeguarding of the Intangible Cultural Heritage*. Paris: UNESCO Publishing. http://www.unesco.org/culture/ich/en/kit/(검색일: 2013. 06. 01).

Vandenvosch, Army. 1931. "Nationalism Netherlands East India." *Pacific Affairs*. 4(12): 1051-1069.

van Oss, Fred W. 1996. *Batik: Sukma Jawa*(자바의 영혼) *De Ziel van Java*(자바의 영혼), *The Soul of Java*. Tilburg: The Netherlands Textile Museum.

van Roojen, Pepin. 2001. *Batik Design*. Singapore: The Pepin Press.

Veldhuisen-Djajasoebrata, Alit. 1980. *"Batik and Related Textile." In M. S. Gittinger (ed.). Batik and Textiles*: Irene Emery Roundtable on Museum Textiles. pp.201-285. Washington: Washington Textile Museum.

Veldhuisen, Harmen C. 1993. *Batik Belanda 1840 - 1940: Dutch Influence in Batik from Java, history and stories*. Jakarta: Gaya Favorit Press.

______. 1996. "From Home Craft to Batik Industry." In Heringa, Rens and Veldhuisen, Harment C. (eds.). *Fabric of Enchantment: Batik From the North Coast of Java*. pp.38-45. Singapore: Weatherhill Inc.

Weiss, Meredith L. 2010. "Malaysia-Indonesia Bilateral Relations: Sibling Rivals in a Fraught Family." In Ganesan, N. and Amer, R. (eds.) *International Relations in Southeast Asia: Between Bilateralism and Multilateralism*. pp.171-196. Singapore: Institute of Southeast Asin Studies.

Woro Aryandini Sumaryoto, S.S.. 1994. "Batik In Suluk Literature: The Meaning and Message of Traditional Clothing." 미발표 자료.

Yunus, Noor Azlina. 2011. *Malaysian Batik: Reinventing a Tradition*. Tokyo: Tuttle Publishing.

아시아문화연구소 Asia+ 시리즈 2